日本で最も美しい村をつくる人たち

もう一つの働き方と暮らしの実践

学芸出版社

日本で最も美しい村をつくる人たち
もう一つの働き方と暮らしの実践

ジュリアーノナカニシ
（本書企画者／グラフィックデザイナー）

わたしが "「日本で最も美しい村」連合" と名乗る団体の運動に共感したのは、あるウェブサイトで目にした一文からでした。

〜NPO法人「日本で最も美しい村」連合は、2005年に7つの町村からスタートしました。当時は、いわゆる平成の大合併の時期で市町村合併が促進され、小さくても素晴らしい地域資源や美しい景観を持つ村の存続が難しくなってきた時期でした。私たちは、失ったら二度と取り戻せない、そんな日本の農山漁村の景観や文化・環境を守りつつ、最も美しい村としての自立を目指す運動をはじめました。「日本で最も美しい村」連合と言います。お手本にしたのは「フランスで最も美しい村」活動。今、イタリア、ベルギーなども加え、地域文化の活性化は世界的なムーブメントになっています。（後略）〜

弱きを助けるために立ち上がった7人のサムライのようで、その運動にとても共感しました。2007年5月のことです。そこから（通称）美しい村連合の個人サポーターとして村へ出掛けていく機会が増えました。

わたしが初めて訪ねた「日本で最も美しい村」は、当時「葉っぱビジネスのまち」として話題になっていた徳島県上勝町。日本全国の美しい村々から首長さんはじめ美しい村連合の有志が、年に一度結集する総会＆フェスティバルの会場でした。人口2,000人ほどの四国の山あいの辺境の地に、同じく日本中の

辺境の村々から、故郷の美しさの存続のために集い、困りごとや目指すべき方向を共有する時間を持つ。それはとても温かく、また刺激的な時間でした。

その上勝町は、町内から出る焼却・埋め立てごみをゼロにするという目標を掲げ、日本で初めてゼロ・ウェイスト宣言を2003年に行っていました。町長のメッセージは「上流に住んでいる私たちは、下流に住む人々の水を濁してはいけない」。

しかし2011年3月11日の東北大震災では、東京電力福島原発1号機の放射能漏れ事故により、「日本で最も美しい村」連合に加盟した直後の福島県飯舘村が全村避難となりました。その翌年の2012年6月に飯舘村を訪ねた時のことです。村は静まりかえっていて人気は無く、見えない放射能に怖さを憶えながら一人役場を目指しました。車を降りて、役場前に設置されている線量計を見つめていた時、軽トラックに乗った農作業姿の男性が近づいて来て、何者かわからないわたしに向かって言いました。

「失ってみてよくわかったなぁ。山と畑に囲まれて、ポツリポツリとみんな離れて暮らしていて、夜は真っ暗。きれいな空気とうまい水しかない。そんなもの売れないしと思って、村でずっと60年以上暮らしていたけれど、それがなによりも大事な宝ものだったんだなぁ」

その言葉に美しさの真実があると思いました。そこから、わたしは村へ出掛け続け、お

聞きした内容を季刊紙としてまとめての発行を始めました。

　最初はわたし一人の手弁当で始めた季刊紙づくりですが、まるで桃太郎のように旅先で仲間が増えていきました。人との「ご縁」、それがとても不思議であり今日まで発行を続けられています。

　奈良県の吉野町を取材したのは2018年4月の中旬。吉野山の桜は少し前に満開を終えていましたが、金峯山寺に続く参道や家々の軒先を風に舞ったピンクの花びらが染めて美しかったのを憶えています。その日が暮れた吉野山で、吉野山観光協会の東会長のお話しを聞いていた時、はっとしました。

　「加盟する町村、それぞれがお互いを宣伝し合うなど連携を取り合って『美しい村に入って良かった』と思える価値観を打ち出す必要があるんじゃないでしょうか？　例えば新聞のように、一度読んで捨てられてしまうものでなく、永久保存できるガイドブック。うちに泊まったお客さんが自分の部屋に持ち込んで、読みたくなるような立派なもの。それを読んで、じゃあ他の美しい村にも行ってみようか、となるような。そうしたお互いの連携があってこそ、『美しい村連合としての価値』があると思います」（東会長）

　今回の書籍は、この時の東会長の言葉により発想を得たものです。

　季刊紙は2022年1月末現在で38号まで発行しています。これまで40カ所の最も美しい村を訪ね、250組余りの方に取材を受けていただきました。その記事のダイジェスト版が本書になります。

　また、2018年の晩秋にフランス南西部、オクシタニ地方の最も美しい村を取材した際には中世の巡礼路「サンティアゴ・デ・コンポステーラ」の要所として有名な村「コンク」を訪れました。そこで観光協会のアンさんと懇意になり、翌2019年にはアンさんを吉野町と曽爾村にお連れすることができました。アンさんは来日直前に利き手を骨折、わたしは家族に大きな困難を抱えていた時期であったのですが、ススキが金色に輝く曽爾高原を一緒に歩きながら、最も美しい村での人間らしい時間を楽しむことができました。

　何よりも旅の魅力は人との出会いです。そしてどの村でも感じることは、人との出会いの場所が美しい山里や漁村であれば、自分の心が素直になる。他者の考えを受け入れやすくなる。これが私の美しい村体験です。だから日本中を美しい村にしたい。

　誰もがおおらかで、子どもや女性の笑顔が日本中の辺境の村から世界に伝播していく。日本国憲法の前文に掲げられているように「平和」で世界を牽引できる国も夢ではありません。そんな世界の在り方が村の暮らしから見えてきます。

日本で最も美しい村をつくる人たち
もう一つの働き方と暮らしの実践

目次

©Photo：和田正宏

鶴居村
TSURUI
Hokkaido

不毛の大地で生きる人々とタンチョウ

昭和12年に舌辛村（現釧路市阿寒町）から分村し、平成29年には開村80周年を迎えた鶴居村。人口2,500人ほどの小さな村ながら、ここ数年、人口は横ばいを維持している。宅地造成による移住・定住促進にも取り組み、釧路へのベッドタウンとして居を構える人々が増えている。

村を支える基幹産業は酪農。道内でも屈指の酪農の里であり、良質な牛乳から作られるチーズ「鶴居」は国内の権威ある「オールジャパン ナチュラルチーズコンテスト」で6大会連続受賞を果たすなど、その美味しさはお墨付き。村内の加工体験施設「酪楽館」は、珍しいゴーダチーズ作り体験なども行える人気の施設だ。

「日本で最も美しい村」連合に加盟したのは平成20年。登録資源は、特別天然記念物のタンチョウ、酪農景観。釧路湿原はかつて谷地（やち）と呼ばれ、「不毛の大地」とされてきた。昭和の高度成長期に開拓構想が持ち上がったが、環境保全の動きもあり、その大部分は手つかずで残ったことが、奇しくも絶滅危惧にあったタンチョウを救う「楽園」の地となった。

見る者の心をとらえてやまないタンチョウ。その名前は赤い（丹）、頭（頂）から来ており、真っ白な身体に黒い首と翼、そして赤い頭頂部という、その色彩的な美しさも魅力。旧千円札や日本画のモチーフとしても使われ、古くは「鶴の恩返し」という民話があるように、日本人には馴染みの深い鳥だが、ここ鶴居村の人々には、「鳥」というよりは、人間の「仲間」として共存共生してきた歴史を持つ。ちなみに、北海道の先住民族であるアイヌの人々からは「サルルン（湿原）カムイ（神）」＝「湿原の神」と呼ばれてきた。

毎年、冬になるとタンチョウを目的に訪れる観光客が集中し、村内の宿は一年前からリピーターの予約で埋まるほどの人気。国内はもとより海外からもファ

ンは多く、タンチョウを脅かすことなくねぐらを見られる唯一の場所「音羽橋」は、早朝から撮影スポットを確保するカメラマンや観光客で賑わう。厳寒期、川霧のなかにたたずむタンチョウの姿は幻想的であり神秘的でもある。

訪れた2月、早朝はマイナス16度。内陸型気候で、比較的、雪は少なく晴天の日も多いが、日によってはマイナス30度まで下がる。大地の全てが凍りつくような厳しい寒さゆえに、あらゆる生命の輝きは美しく研ぎ澄まされる。（2018年2月取材）

屈斜路湖　摩周湖　鶴居村　釧路市　太平洋

空につながるような道を見た瞬間、「ここだ！」と思った

ゲストハウス「ハートンツリー」 服部佐知子

　阿寒町（現・釧路市）生まれの佐知子さんは、大阪の調理師専門学校でフランス料理を専攻した後、食の仕事に携わり、22歳で大阪出身のご主人と結婚。子育てを機に、北海道へ戻ることになった。田舎や動物好きなご主人とともに「北海道なら酪農をしよう」といったん、お隣の標茶町に移住。その後、1999年に鶴居村でファームレストラン「ハートンツリー」を開業した。丘の上にレストラン、ゲストハウス、チーズ工房と、大きな窓がある自宅を構える。ここには佐知子さんが子どもの頃から夢見ていた「大草原の小さな家」の世界が広がっている。

　「鶴居村を選んだのは、酪農ヘルパーとして村に呼んでもらったことから始まる。もともと酪農をやりたかったので、酪農家さんとの繋がりが出来れば技術を学べると思って」。

　酪農を始める、という夢は条件が整わず叶わなかったが、代わりにこの土地と出会った。「空につながっているような道を見た瞬間、『ここに住みたい』と思いました。テントを張ってでも住むしかない♡」そんな意気込みでしたね。

　「自分が酪農家にならなくても、ここには美味しい牛乳を生産する酪農家さんがいる。私はそうした酪農家さんの応援団になろうと、レストランでお出しするメニューのすべてに、村の牛乳を使っています」。定番の一品は、鶴居村の牛乳と数種類の香辛料で煮込んだスパイシーなミルクカリー。ガーデンランチは、皿の上がお花畑のような華やかさ。ポークシチューに入れる豚も村内で育てているものを使い、チーズを作る時に出来る「ホエー」の成分や卵を練りこんだパン、ビーツを練りこんだパスタなど、すべて心のこもったお手製。「うちでは牛乳と野菜が調味料。手間はかかるのですが、どれも素材の味を生かしたものばかりです」

　佐知子さんがほれ込んだ牛乳は、村内で家族経営する酪農家、菱沼ファームのもので、乳質の良さが自慢。佐知子さんいわく「しあわせ家族のしあわせ牛乳」。この牛乳を使ったチーズ作り体験のほか、お花の細工寿司作り、朝焼きパン作りなどの体験メニューも充実している。「お客さんは口コミやフェイスブックを見て来られる方が多くて、2月のタンチョウシーズン中、ゲストハウスは85％が海外の方です」

　農作業や宿のお手伝いをする代わりに住まいと食事を提供するWWOOF（ウーフ）のホストにも登録しているため、常時、3～4名ほどのスタッフ（ウーファー）とともに暮らす。

　しかしそんな佐知子さんも、小さい頃は無口で引っ込み思案。子育てをしている頃も、ママ仲間の輪に入るのが苦手だった。変わったのはここのお店を始めてから。「住み心地は最高で毎日が楽しい。好きな環境、好きな世界で暮らしていると、人間は潜在能力が一気に開花するのかも」と笑う。

自然の中には真実しかない

ウィルダネスロッジ「ヒッコリーウィンド」　安藤 誠

札幌生まれの札幌育ち。仙台で過ごした大学時代、趣味のオートバイで日本一周を巡り、地方の隅々を見ることで「田舎にこそ本物は宿る」と気づいた。旅から学んだ「出会いと感動」をテーマに、ヒッコリーウィンドをオープンして20年。プロカメラマン、ネイチャーガイド、陶器のバイヤーなど多様な顔を持つ誠さんだが大学を卒業後、予備校で歴史を教える講師をしていた経歴を持つ。

「偏差値重視の受験勉強に偏るのではなく、学ぶことが楽しくて仕方ない、知的興奮を覚えるような指導を目指し、実践していました。そこから幕末の維新期にあったような私塾をやりたいと考えるようになりました。教育こそが人をつくる上で何より重要だと感じたからです。そんな思いがあり、ここは単なるロッジではなく、『出会いと感動と学びの場』がコンセプトです」

ヒッコリーウィンドに宿泊するゲストの多くがリピーターになる。誠さんの価値観や生き方に共鳴して訪れる若者も多い。

「ギャラリーのこの柱は海から拾ってきたもの。ドアノブも拾い物。図面さえ引いてもらえれば、自分にも建てられると思って」敷地内の建物の大部分は手作りだ。

木の温もりあふれるギャラリーには、誠さんの撮った野生動物たちの写真、超レアなギターたち、モトグッチのエンジンを載せたカスタムバイク、100種類以上のバーボンが並ぶ。カメラは、ネイチャーズベストフォトグラフィー アジア写真コンテストで2年連続受賞している。壁に掛かる至近距離で撮影されたヒグマが来訪者を見つめる。

鶴居村に移住して30年。人口2,500人ほどの村は、かつて合併でなく「分村」という独立の道を選んだ。「効率を求めるあまり、無駄を省くという考え方が現代の主流ですが、すべての物事において本質的に無駄はなく、手間がかかることを継続することでしか生まれない価値があります。『信用』がそうです。鶴居村で暮らす、ということはすなわち、『信用を築く』ということ。『信用』は継続しないと生まれないものです」

大事なのは住んでいる人の顔や、作り手の顔が見えること。自分の手の届く範囲で、物事が把握できるということが、この村で暮らしているポイントという。「日本で最も美しい村」に加盟する村のように、「小さなユニット」ほど大事にしなくてはならないもので、鶴居村で暮らすことは、「その小さなユニットで、継続して信用を築く作業である」というのが誠さんの考えだ。

「人間の脳の許容範囲で記憶できることをオーバーしているのが大都市。利権やお金が何より重要で、スピリットよりも優先されているのが都会です」。ガイド業の傍ら、全国の大学や企業などで「自然環境と人間」をテーマにした講演活動も行い、自身の考えるスピリットを語り伝えている。

そして、ヒッコリーウィンドで出される食

事は、北海道の食材について正しい知識を持ち、美味しいものを提供できるという北海道フードマイスターの資格を持つ奥様、忍さんのお手製。魚や肉の素材はもちろん、特にこだわるのは野菜。「道内の大手ホテルの社長さんとも親しくさせてもらっていますが、どんなに高級なホテルでも野菜のクオリティを上げることは難しいそうです。ここでは、野菜の美味しさを引き出すことに最も力を入れています。料理は好評をいただいています」。ゲストの年齢や出身地によってもメニューは変わる。365日、同じお料理が出されることはない、というから驚きだ。

ガイドの仕事は、北海道全域がフィールド。カヌーガイドから登山ガイドまですべて。誠さんはガイドするお客さまの好みによって、話す内容を変えていくそうだ。お料理と一緒で一人ひとりにオーダーメイドする。

「こんなに素敵な仕事なのに、どうしてみんなガイドにならないのかな？ と思うほど。ガイドというと、バスガイドやネイチャーガイドのように『同じことを繰り返す』『もうからない』というイメージがあるのかもしれません」。誠さんが目指すのは、「稼げる」そして「人生を豊かにして、人を幸せにする」仕事として、ガイドの歴史を変えること。ここ10年以上は後進の育成にも力を入れ始めている。

「自然の中には真実しかない」というのが誠さんの哲学。生きるうえで本当に大切なことはすべて自然が教えてくれた。「ソローの『森の生活』のような暮らしをしたかった。今はインターネットを使って世界中の情報を収集し、それを語れる時代ですが、僕は自分の経験したことや実際、確認したことしか話しません」

20代の頃、たった一人で鶴居村に移住したのはこの場所にピンと来たから。当初、「10年住んでも相手にされなかった」。でも、しんどくはなかった。「ここに住まわせてもらっている、という感謝の気持ちと先輩たちへの敬意を払いながら、20年以上かけてゆっくりと信頼を築き、30年住んでようやく村民になれた気持ちです」

誠さんによると、「鶴居村は、鶴が居る村ではなく、正確には『鶴が選んだ村』。自分の住む村を大切に思い、誇りを持つことにリスペクトできているかが重要です。鶴居村の自慢なら1か月、話せますよ（笑）」。そのために大事なのは、まず田舎に暮らす子どもたちの意識を変えること。「大きくなったら、大阪や東京に行きたいと子どもに言わせている大人じゃダメなんです。いったん、外に出てもいいから、また戻ってきたくなる村にする。大事なのはタレントやオリンピック選手ではなく魅力ある村民を輩出することです」

寒さが厳しいほど、生命が一層輝く場所。

「厳しい自然条件ゆえに中途半端では生き残ることができない。それが鶴居村の美しさではないでしょうか」

酪農景観の素晴らしさ。ここは「日本で最もしあわせな村」

大石正行　鶴居村長

　鶴居村は、その名のとおり「鶴の居る村」。絶滅の危機にあったタンチョウの保護に取組み、1952年には、国の特別天然記念物にも指定され、現在は、1,800羽を超えるタンチョウが確認されている。しかし、生息数の増加により新たな問題も起っており、農業被害や生息地である湿原の保全が今後の課題だ。

　村の基幹産業は、年間6万トン以上の生乳生産を誇る酪農畜産。戦後から酪農に取組み、昭和30年代からは海外での研修等を通じて技術を高め、今日の酪農発展の礎を築いてきた。乳質コンテストでは日本一に輝いた実績もあり、長年に亘る乳質向上やその良質乳によるチーズなど加工品製造への取組みも幅広い。そして第6回オールジャパン・ナチュラルチーズコンテストでは、最優秀賞である農林水産大臣賞も受賞し、良質な牛乳の生産と、さまざまな加工品の開発に取組んでいる。さらに近年では山ぶどうを使ったワインの製造も始まり、鶴居村の新たな特産品として作られている。

　大石村長自身、生まれも育ちも鶴居村。子供のころは、学校まで2キロほど歩いて通学し、役場近くの高台から見下ろす市街地中心部の景色が大好きだったという。村内に広がる牧草地の豊かな緑や、その牧歌的で美しい景観を、子どもたちの未来に残していくことが大切だ。

　鶴居村の人口は、昭和30年代におよそ5,000人のピークを迎え、その後は、離農と若者の流出により、2,500人まで減少した。しかしさまざまな酪農支援策や子育て支援の実施、宅地造成などの移住定住策にも力を入れ、現在は人口減少に一定の歯止めがかかり、横ばいを維持している。

　今後の村づくりについて大石村長は、「酪農を基幹産業としながら、さまざまな地域資源を生かして、観光やその他の農業にも取組んでいくことが、大切と考えています」と話す。鶴居村が「日本で最も美しい村」連合に加盟したのは、平成20年。「加盟前から、地域を中心とする美しい地域づくりに取組んできましたが、加盟を機に住民の意識は大きく高まったように感じております」
2017年（取材当時）、鶴居村は開村80周年を迎え新たなスタートを切った。子どもたちの未来に今と変わらない美しい村鶴居を残せるように、心も新たに村づくりを進めている。

鶴居村の生き物たち

至鶴見峠

村民の森●

●鶴居運動広場

鶴居・伊藤
タンチョウ
サンクチュアリ

鶴居村役場●

53

●鶴見台
音羽橋●

温根内●
ビジターセンター

53

至釧路市

アメリカンミンク
小魚や昆虫類、甲殻類、両生類、鳥類、
ほ乳類など、湿原や水辺にすむ多く
の生き物を捕らえて食べる。

エゾユキウサギ
夏毛は全体ほぼ褐色から灰褐色で、
冬毛は白色。耳の先端は夏冬通して
黒いまま。

キタキツネ（北狐）
北海道のほぼ全域、特に道東に多く
生息している。

エゾヒグマ（蝦夷羆）
クマ科では最大の体長を誇る。日本
に生息する陸棲哺乳類でも最大の種。

エゾシカ（蝦夷鹿）
つぶらな瞳が可愛らしい比較的遭遇
率の高い野生動物。道東エリアには
多く生息。

オオワシ（大鷲）

翼を広げると2メートル40センチもある日本最大の猛禽類。冬になるとロシアから渡ってくる。絶滅危惧II類（環境省レッドリスト）国の天然記念物。

オジロワシ（尾白鷲）

多くはロシアから冬になるとわたってくるが、北海道内（鶴居村でも）繁殖しているオジロワシもいる。絶滅危惧II類（環境省レッドリスト）国の天然記念物。

エナガ（柄長）

北海道は頭部が白い亜種シマエナガ。体長は約14センチ。「可愛い」としか言いようがない野鳥会のアイドル。「雪の妖精」とも呼ばれている。

アカゲラ（赤啄木鳥）

キツツキ科。黒・白・赤の配色をしている。頭部が赤いのはオスのみ（1年目の幼鳥も赤い）。鳴き声は「キョッ！」。

●鶴居どさんこ広場

●キラコタン岬

●宮島岬

釧路湿原国立公園

ゴジュウカラ（五十雀）

背面は青灰色、腹面は白色と淡い褐色と洗練された配色。木の幹を上下に行ったり来たり、飛び移ったり自由に移動する。

タンチョウ（丹頂）

タンチョウは日本の野鳥の中では最大級で、全長は1メートル40センチ、つばさを拡げると2メートル40センチもある。北海道東部を中心に生息。国の特別天然記念物。

美瑛町
BIEI
Hokkaido

丘がもたらす厳しい試練と豊かな恵み

明治27年9月、兵庫県出身の小林直三郎氏が旭地区に入植。幾多の困難を乗り越えながら、未開の原野を拓いたのが美瑛町の始まりだ。原生林を伐り倒すたびに見上げる空が広がり、先人たちは開墾した大地に希望の種をまいた。

美瑛町は「日本で最も美しい村」連合発祥の地。北海道のほぼ中央、旭川市と富良野市の近隣に位置する人口約1万人の町だ。東京23区に匹敵する面積で、約70％が山林、15％が畑となっている。内陸で寒暖差が激しく、冬はマイナス20度を下回る日も少なくない。「丘のまちびえい」という名前の通り、美瑛町の大部分は丘陵地。起伏に富む幾重もの丘の向こうには、雄大な十勝岳連峰がそびえたつ。過去に噴火を繰り返してきた十勝岳は、この地で生きる人々に厳しい試練と豊かな恵みをもたらしてきた。なかでも大正15年5月24日の大噴火では、山津波が融雪泥流となって美瑛町や上富良野町に大きな被害をもたらし、144名の命を奪った。三浦綾子氏の小説「泥流地帯」には、この噴火による周辺の村の被害のすさまじさが克明に描かれている。

美瑛の人々にとって、丘は厄介な存在だった。傾斜地に広がる畑は農作業がしづらく、大雨が降れば土が流出してしまう。連作障害を避けて、収穫量を増やすために農家は知恵を絞り、輪作が根づいた。組み合わせる作物と畑の数だけ、パッチワークの可能性は無限にある。

さらに美瑛の農家のトラクター技術は素晴らしい。彼らは畑を耕す時に傾きながら運転する。まさに命がけだ。土が流れないように、丘の斜面を横切りながら斜め一直線の方向に畝を作っていく。ちなみに美瑛の農家では、旬のとうきびを食べる時はお湯を沸かしてから畑にとりに行くそうだ。アスパラガスも水がしたたる朝採りのものに限るという。食材の宝庫ならではの贅沢なエピソードだ。

「日本にもこんなに美しい風景があったのか」。写真家の（故）前田真三氏が撮影した写真集『丘の四季（1986年出版、グラフィック社）』をきっかけに、美瑛独特の美しい丘の風景は有名になった。昭和から平成に移行する頃から観光客が急増。地元の人々はあたり前と思っていた農業景観の価値をあらためて認識し、美瑛町は農業と観光の町に変化を遂げた。ここ数年、「青い池」の人気や海外からの観光客が増加し、令和元年度は約240万人の観光客が訪れた。美瑛の場合、農家の生活の営みから生まれる農業景観が観光資源であるため、農業と観光との摩擦や課題もある。地元の農家と外から来た人々との間でいかに良い関係性を築き、相互理解を深められるかが今後の鍵となるだろう。

美瑛町が誕生して2022年で123年。町の歴史はまだこれからつくられてゆく。未知数のチャレンジができる大地がここにはある。（2015年2月取材）

日本海

美瑛町

北海道

地元住民と観光客の美しい関係づくり

アトリエ nipek　中西敏貴

写真家の中西敏貴さんが初めて美瑛を訪れたのは昭和64年、18歳の夏。当時は観光客がほとんどいない時代で、ガイドブックには富良野しか載っていなかったという。大学で写真部に所属していた敏貴さんは、北海道の撮影旅行中だった。「お兄さん、何してるの？」。美瑛でたまたま通りがかった農家の人に声をかけられた。「写真を撮っています」。「じゃあ、今晩うちにメシを食いに来ないか」。

見知らぬ自分を温かく迎えてくれた農家の人との出会いを敏貴さんは今も鮮明に覚えている。

美瑛の美しさや人々の温かさに魅了された敏貴さんは、その後も現地に通って写真を撮り続け、2012年に大阪から移住。写真家として独立し、「アトリエ nipek」をオープンした。nipek（ニペク）とは、アイヌ語で「光」という意味だ。光があるからこそ、写真が撮れる。光が織りなす感動の瞬間を求めて敏貴さんは美瑛を駆けめぐる。大地をまたぐ巨大な虹のアーチ、虹色の光を放つサンピラー、はっと息をのむ美しい作品の数々に「こんな美瑛もあったのか」と驚かされる。

同時に、敏貴さんは地元の農家の方々によりそう写真家であり、撮影マナーの啓蒙にも力を注ぐ。

「美瑛が有名になる前は、観光客も農家の方々の生活の場を道端からそっとのぞかせて頂くという謙虚な気持ちで訪れていました。

農家の方に会ったら、お互いに気持ち良く挨拶を交わす、そういう関係が築かれていた」と敏貴さんは話す。ところが美瑛が有名になるにつれて、観光客が急増。ここ数年はマナーの悪化が目立ち、町の基幹産業である農業と観光のはざまで様々な摩擦やジレンマが生じている。

美瑛町にはセブンスターの木など、有名な木が点在している。これらはかつて個人の畑の境界線や目印のために植えられた木で、私有地のなかにある。パッチワークのような美しい畑も農家の生活の営みによるもので、観光目的でつくられた公共の場所ではない。ところが、これらの美しい風景をカメラに収めるために勝手に畑のなかに侵入したり、農作業中の人の姿を無断で撮影する観光客があとをたたない。夏になるとレンタカーや観光バスで道路が渋滞。観光客の路上駐車が妨げとなってトラクターが農道を通れず、作業が滞る時もある。それが日常茶飯事なので、観光客に対する警戒心を強めている農家も少なくないそうだ。生活の場が人気スポットとなったゆえの農家の方々の気苦労は計り知れない。

「この町に年間100万人以上が来ている。受け入れる側のキャパシティをたぶん、超えているような気がします。観光客をさらに呼び込むよりも、来てくれた人たちと地元の農家さんの接点を増やし、良い関係性をはぐく

むことにもっと取り組んだほうがいい」と敏貴さんは語る。美瑛のペンションなどに滞在してもらえば地元の人のフィルターを通して美瑛町のことを知り、マナーの啓発もできる。観光客にいかに気持ち良く来てもらい、帰ってもらうか。そのためには地元の農家の方々が気持ちよく畑で農作業ができて、気持ちよく受け入れられるような環境を整えることが前提になるだろう。

カナディアンロッキーなど海外の国立公園は有料だが、自然を守るためならば訪れた人は気持ち良くお金を払う。「美しい景観を守るために協力してもらうことが必要な時代に来ている。例えば観光税や景観維持協力金のようなものを何らかの形で徴収して役立ててもらうとか、観光に行くための敷居を上げたほうが景観保護に対する意識が高まり、結果的にこの町を守ることにもつながると思います」と敏貴さんは話す。

「日本で最も美しい村」発祥の地である美瑛町が観光と農業や地元住民との融合を打ち出すことができれば、必ず注目されるだろうと敏貴さんは考える。「美しい村連合は、多かれ少なかれ同じような悩みを抱えているはず。美しい村は景観だけではなく、観光に訪れる人と地元住民との関係性も含めて美しい村を築いていくこと、そのリーダーシップを取っていくのはやっぱり美瑛町ではないかと思います」

美瑛は丘のまちで有名になったが、美瑛の本質はもっと奥深いと敏貴さんは話す。「美瑛は丘の起伏から生み出される現象や光景が一番の魅力。起伏があるということは、光のさし方に変化があるということです。箱庭的な地形だからこそ、光や自然現象にも特徴がある」。美瑛では虹色に光るダイヤモンドダストやサンピラーが現れる。この現象は世界的にも珍しいそうだ。「美瑛の美しさは丘だけじゃない。星や虹、日輪もすごい。世界的に貴重な場所です。僕たちはそろそろ丘から卒業してもいい時期にきているのかもしれませんね」

ちなみに、敏貴さんの作品の多くは道路から撮影したものだそうだ。写真ツアーでは、撮影のポイントやマナーの啓蒙も含めて指導しているという。「特別なことをしなくても、ふとした瞬間や道ばたで素晴らしい絶景に出会える。それが美瑛の懐の深さだと思います」

美瑛が有名な観光地になるにつれて昔からのファン層は、逆に足が遠のいてしまったそうだ。何もないあの静かな時代がよかったと。「僕たちが美瑛に来るようになった理由は、何もないから。昔はトイレもなくて、コンビニもなかった。喉がかわいたら農家におじゃましなければ何もなかった。その精神性や関係性は、今の時代にも受け継いでいかなければと思います。農家さんがあっての美瑛だから」

©Photo：中西敏貴

赤井川村
AKAIGAWA
Hokkaido

大雪の中であたたかな春を待つ

四方を山々に囲まれ、すりばち状にくぼんだ地形が特徴的な赤井川村。盆地特有の気候のため、冬は最高で2メートルもの雪が積もる。世界でも有数の雪質の良さで知られ、国内はもとより海外からもこのパウダースノーを求めて訪れる人が後を絶たない。「スキーヤーにとっての聖地」でもある。この雪を活かしたのが「キロロリゾート」で、施設内では多くの外国人スタッフが働き、小さな村でありながら、人口の1割を外国人が占める。

村の基幹産業は観光と農業。夏は昼夜の寒暖差が激しく、この気温の変化が美味しいお米や野菜、果物の栽培に適している。特に野菜の美味しさは格別。もともと、病害虫の少ない、恵まれた土地であることから、農薬や化学肥料など使わず有機栽培をしている生産者も少なくない。サツマイモのような甘さのじゃがいも。濃厚な味わいのかぼちゃ。柔らかく、甘みとうまみがぎゅっと詰まったアスパラガス。小さな村ゆえ大量生産ができず、地域内でしか流通しないケースもあるが、食べてみると、肥沃な大地で育った、野菜本来の力強い味わいと甘みが口いっぱいに広がる。「記憶に残る」野菜たちだ。

赤井川村が「日本で最も美しい村」連合に加盟したのは平成17年。連合発足時の7つのスターティングメンバーのひとつだ。登録されている地域資源は、カルデラ盆地と村の郷土芸能でもあるカルデラ太鼓。開村80周年を機に、郷土芸能を作りたいという村民の願いから、昭和56年に発足したのが「カルデラ太鼓保存会」で、卒業式、成人式などのイベント時に演奏するのが習わしとなっている。

村への玄関口ともいえる景勝地が冷水峠で、ここから村の市街地を一望できる。その旧道にあるカルデラ展望所は隠れた雲海スポットで、春から秋にかけての早朝には、朝夕と昼の気温差が大きいことや、風がないことなど、気象条件がうまく重なれば、幻想的な雲海を眺めることができる。

赤井川村は北海道でも有数の豪雪地帯。長く厳しい冬の間、大地はその栄養分を雪の下に蓄え、植物たちは土の中で春を待ち焦がれる。5月を迎えるとようやく雪解けの季節。ふきのとうがひょっこり顔をのぞかせ、あらゆる生命が芽吹く春がやってくる。そうしてたくさんのイベントで活気づき、一年で一番楽しいお祭りシーズンとも言えるのが夏。赤井川村の短く熱い夏に向けて、すべての生き物がいきいきと躍動し始める。（2017年5月取材）

札幌市

北海道

赤井川村

洞爺湖

太平洋

肥沃な大地で有機アスパラを作る第一人者

アスパラガス農家 滝本農場　滝本和彦

　ぐるりと四方を山に囲まれ、「カルデラの中で暮らす」という言葉がぴったりな赤井川村。取材に伺った5月初旬は、まさにこれからアスパラの収穫ピークを迎える繁忙期。農場の納屋には、季節労働のスタッフさんたち10数名が集っていた。「コンブ漁、鮭加工、みかん収穫・サトウキビ刈りと日本中を移動しているフリーターが声を掛け合って集ってくれるので、お陰で人手の不足はなく助かってます」と和彦さん（写真左端）。

　農業のキャリアは50年。この地で、有機アスパラ、にんにく、ブルーベリーなどを栽培する。「農家は人と同じことをやっていてはダメ。ちょっと人と違う、変わっているくらいでないとね。新規就農者を受け入れますよ、と言ってもまず私のところには来ないよね。僕自身が『変わり者』だからかな」と笑う。

　色々な作物を作る農家から、アスパラをメインにしたのが2000年。JAS有機ホワイトアスパラを栽培したのは、北海道で滝本さんが初めて。

　もともと、害虫が少ない土地柄で、農薬を使わずとも美味しい作物が育っていた。ある日、新聞を読んで自分のやっていることは有機農法だと気づき、JAS有機を取得したのだという。北海道で有機アスパラの第一人者

だ。その他にも、にんにくは作り続けて40年。黒にんにく加工も行う。

　「青森産に比べて粒は小さいけれど、味、香りともに強いのが特徴。花粉みたいな甘い味がするんだよ。鶏フンの配合も決まっているし、粒や大きさにこだわらなければ、作るのは難しくないよ」

　アスパラにしても、新規の人が有機で作ろうとすると難しいが、苗を使えばさほど難しくないという。「肥料も特別こだわっていないし、アスパラ作りのハードルを少しでも下げたいと思って。僕の農業の哲学？　『夏、働いて、冬、働かない』かな」

　ちなみに、ホワイトアスパラは陽があたらないよう遮光フィルムを使ってハウス栽培される。まったく陽に当たらないことで真っ白な美しいアスパラガスが育つ。そして収穫は機械を使わず、1本、1本、手作業で丁寧に。滝本さんのアスパラは主にネット販売が中心で、年に一度の収穫を心待ちにするファンも多い。

　「ここの良さは何より環境の素晴らしさ。人の住んでいない川上から綺麗な水が流れて、初夏には蛍が飛び交う。住み心地は最高でしょう」

ここには、直感的に「自分の欲求を満たすもの」があった

山岳ガイド 北海道バックカントリーガイズ主宰　塚原 聡

　北海道北見市生まれ、大学で札幌へ。卒業後、建設コンサルタント会社に5年勤めた後、ワーキングホリデーでニュージーランドへ渡り、1年間、釣り、カヌー、スノーボードなど、自然相手の「遊び」のガイドをしながら暮らした。当時、今から25年ほど前の1997年頃は、パソコン通信が全盛の時代。聡さんはニフティのコミュニティで知り合った仲間たちが訪ねて来ると、釣りやキャンプをしたり、アウトドア全般の遊びでもてなした。

　帰国後、札幌のガイド会社で経験を積んだのち、山岳ガイドとして独立。山岳ガイドでありながら、海、川とあらゆるフィールドが舞台。登山もすれば、サーフィンもカヤックもやる。夏は奄美や種子島に出かけ、時にアラスカではオーロラを眺めながら雪山を滑ることも。赤井川村を拠点にしつつ、春夏秋冬、それぞれの地方の良い「旬」を求めてガイドする「遊牧民スタイル」だ。

　「普通の山岳ガイドは1箇所だけを拠点に、夏山、冬山と、山を専門とする人が多いけれど、自分は、滑りを基本に何でもやります。同じ場所、同じサービスだとルーティン化して飽きてしまうので、常に新しいこと、新しい遊びに挑戦して、ガイドのクオリティも少しずつアップできるように心がけています」赤井川村以外の、よその場所で様々な遊びを経験することが、新たなガイドのフィールド

を広げることにつながっている。もし仮に、赤井川村以外の場所に住むとなったら、そこで自分は何を提案できるのか、いつも頭の中では様々なケースを想定して考え、引き出しをたくさん持つことも意識している。

　「例えば、ここから村の中心地までは15キロありますが、そこまで、車で行くか、自転車で行くか、それとも歩くか、で見えてくる景色も変わってくる。それぞれの楽しさをいかにプロデュースするかが自分の仕事です」

　聡さんのガイドトリップは、海外からも人気が高い。「彼らはお金を出してでも来たい、遊びたい、という気持ちがある半面、もちろん予算もある。次も『また来たい』と思えるようなサービスを提供するためには、何より自分自身が『仕事』というよりも、『好き』で『楽しいと思うこと』を追求するようにしています」

　赤井川村の雪質は、水分が少なくさらさらとしたパウダースノーで、スキーヤーやスノーボーダーたちにとっては最高級レベルとして知られる。「赤井川村の雪質は世界でもトップクラス。そして、滑りに来る人も国内、海外含めてトップクラスの人が集まる。この雪質の素晴らしさに気づいてないのは一般の人だけで、真剣に滑る人は、この土地をピンポイントで狙ってくるほどクオリティが高いんです」

聡さんの頭には、自然産業を通じた赤井川村の活性化というテーマもある。「自然はきちんとメンテナンスして維持すれば持続可能な産業として活用できる可能性を持っている。春夏秋冬、各地域の魅力あるものをガイドしながらその価値を伝えています」

集客はホームページと雑誌のみ。一度に大勢を相手にすることができないため、本当にこの価値を分かる人にだけ来てほしいと思うからだ。「だから、あえて看板も掲げず、ひっそりと活動しているんです」と打ち明ける。

昔からその土地に住む人は、地域の持つお宝資源に気づかない、とよく言われるが、聡さんはそういう意味では外からの「移住者」。そんな聡さんからすると、赤井川村は、「正直、住みづらい場所」。当初、ネットも通じず、テレビの電波も入らず、役場と交渉しながらひとつずつ課題をクリアしていった。　住む場所としてはもちろん、福祉、財政など様々な面においても、決して住みやすくはないのは確かだ。だからこそ、「いきなり引っ越してきて住むのは難しい。だけど、いろんな人が来てくれて、楽しんで、この村のファンになってリピーターになってもらう。そういう交流人口が必要なのだと思います」

赤井川村に来て10年。初めてこの地を訪れた20年前は、この地名さえ知らない人が多かった。聡さんがこの地を選んだのはずば

り「雪」。それがすべてのモチベーションになっている。

「アラスカはヘリスキーの聖地と言われているのですが、僕はここを北海道のアラスカだと思っています。それほど、滑る人にとって赤井川村は世界に誇るブランドとして認知されているんです」。

パウダースノーを求めて聡さんのもとには、国内、海外から年間1,000人もの人が訪れる。「自分にとって赤井川村は『誇れる村』。ここに来たら楽しいよ、という魅力を村と地域が一緒になって提案していくことが大切。ただ、あまり便利になり過ぎると努力しなくなるから、そこそこ不便なくらいがいいのかも」とも。10年前は、自分のことだけしか考えていなかった。それが、今や家族を持ち、子どもを持つことで考え方が変わった。家族、地域、お客さん、そしてこの村。みんなが幸せに暮らせるように。まずは自身が楽しむことを前提にこれからの村のあり方を真剣に考えるようになったと言う。

「この仕事をするうえで、雪質の良さは赤井川村へ来る決定的な決め手でした。だけど、ここには、自分の欲求を満たすものがあったのだと思います。理屈ではなく感覚として」

©Photo: 二木 亜矢子

東成瀬村
HIGASHI NARUSE
Akita / Tohoku

雪に埋もれる村の、何もないから見られる風景

東成瀬村に取材に行く、と決まってからいざ下調べを始めようと思ったら困ってしまった。この村の情報は市販のガイドブックに載っていない。秋田南部でもせいぜいが横手市止まりで、東成瀬村の西隣の湯沢市の温泉街が載っていればまだいいほう。

村に着いて気が付いたのは、東成瀬村はひと目で把握できるような村のあり方ではないこと。人口2,418人（2022年1月現在）が南北30キロに渡る細長い面積に、大きく分けて3つの集落に暮らしている。いくら小さな村といっても、これではまとまった村の景観はつくれないだろう。国定公園の栗駒山は最南にあり、村の求心力とはいえなさそうだ。しかも、東成瀬村は秋田の中でも豪雪地域であり、11月から5月ぐらいまで、およそ半年は雪に埋もれてしまう。なるほど、これはガイドブックにのらないはずである。

村にはコンビニエンスストアが1軒、売店が各集落にひとつぐらい。喫茶店も娯楽施設もない。大きな道路は村を突き抜ける一本道だけ。「無い無い尽くし」の程度は、国内のどこかの島よりも高いのかもしれない。だからこそ、村には誇れる自然がある。

「夜、空の星を見てごらん。今の時期はちょうど夏の星座と冬の星座が同時に見ることができるから贅沢なんだ。天の川もくっきりと見えるはずだよ」

滞在中に、同じような言葉を天体マニアではなく、普通に暮らす人たちからかけられた。東成瀬村は平成11年には「星空日本一」として環境省の認定を受けている。

「星が見えるってことは、それだけ村になんもないってことだけど」と村人は笑うが、それがどれだけ貴重なことなのか。村を縦断する成瀬川の澄みきった色。光によっては青緑色に映り、キラキラと輝いていた。森や滝もさりげなくそこにある。手すりやロープといった過剰な設備がないのがいい。何より、観光向けのうるさい看板がないのがうれしい。自然と静かに触れ合う時間が欲しくて森や川を訪れるのに、今の時代は人を自然の中にほっておいてはくれない。東成瀬村は、村長の方針で看板なども控えめにつくっているとか。ここに暮らす人だけでなく、村を訪れる人も信頼していることがこういう配慮から伝わってくる。

村を訪れた日は役場の職員が自主的に花壇の清掃をしていた。村を去る朝は、おばあちゃんが道で缶拾いをしていた。たすきをかけていたから、この日が当番だったのだろう。両親は共働きがほとんどで、村の外まで働きに出る人もいる。田んぼや畑はじいちゃん、ばあちゃんの仕事。子供たちは日が暮れるまで学校へ。つつがなく一日が終わるために、ここで暮らす人々は心を遣う。美しい村は人の手で守られている。
（2013年9月取材）

人は人のシャワーを浴びて成長する

東成瀬村教育委員会教育長　鶴飼 孝

「うちの子供たちは学校を休まないもの。子供たちにとって学校は来たら楽しい場所であり、満ち足りて帰ることのできる所なんだ。そこにすべてが表れていると思うよ」

そう語るのは、東成瀬村教育委員会の教育長、鶴飼孝さん。少子化を見据えて、より深く村の教育に携わるようになって8年目。

「私がこの村の先生方にお願いすることは、『今、5点しかとれない子がいたら、6点とれるように。2号目にいるならば、3号目に上げてもらいたい』ということ。それ以上の欲は言わないし、成績は1年間を通して伸ばしてくれればいい。先生方はそのためにあれこれ工夫してくれる。うちの先生方は見ているとたいしたもんだ、と思いますよ。少人数の学校といったって、やらなくてはいけない作業は、学校ならどこでも同じ。それなのに放課後も生徒に付き合って教えてあげていますからね」

でもね、と鶴飼さんは続ける。

「頑張れ、といっても先生に限りはありますから。そういう場合は村の行政でやる、と。あらゆる金も人も使って、子供が伸びない阻害要因を取り除く覚悟はあります」

その一例に、村が経営する学習塾がある。

東成瀬村には民間の学習塾もないし、家庭教師もいない。これだけ学校が手厚く授業をしているのだから、塾は必要ないと鶴飼さんも思っていたという。何より、この村は両親が共働きという家庭が9割以上。親が仕事から戻ってから、子供を隣町の塾まで通わせるにも物理的に無理があった。

「親と子供、別々にアンケートを取ったら、村に塾ができるのなら、ぜひ通わせたいと。子供たちがやりたい、というならば村は応えてあげたい。それで2008年から村の塾を始めました。中学生を対象に、土曜日を使って英語を中心に教えています。（中3は数学も）ちなみに授業料はテキスト代だけです」

こういった取り組みは、生徒の意欲を高め、自ら学習しようとする習慣にもつながっている。全国の中でも学力の高さは国内上位に入る秋田県。その中で東成瀬村小学校、中学校のおのおのがつねに優秀な成績を収めている。

東成瀬小学校の近野良浩校長先生、中学校の門脇博校長先生、どちらの先生も「各家庭にある教育格差を行政が手当てをして、埋めてくれる。だから先生たちは、子供たちが喜ぶ授業を考えることだけに集中できる。先生

自身も充実して教育に取り組めることが生徒の学力向上に大きく影響を与えている」と言う。村の塾はほんの一例だが、鶴飼さんをはじめ村全体で"山間の小さな学校だが、どこにも負けない教育をする"という決意が感じられた。

「村だからできる、村だからやらなくてはいけない教育があると思っています。いくら少ないといっても子供たちは小中合わせて200人。それに対して、先生方は30人しかいないのが現状です。だから村のあらゆる人の力を貸りて、社会総参加の教育を行うしかない。今、ボランティアに登録している人は230人ぐらいですが、授業をしてくれる人もいるし、環境整備など必要があればタイムリーに来て対応してもらいます」

村の人たちの手を借りるのは、もうひとつ、村の教育哲学がある。

「子供たちには小さいときから人間の機微を知ってもらいたい。子供たち同士だけみれば、生まれてから中学校を卒業するまで同じ顔ぶれだから、しゃべらなくてもどういう人だかわかるのよ（笑）。でもそれでは世間に出たときに通用しないでしょう。人は人のシャワーを浴びて成長するものですから、何

百人という学習集団に触れて、人間の質を高めてもらいたいんです」

これはある意味では、子供たちが学校で人間関係に行き詰らないような配慮ともいえる。「小中連携教育」の時間が1年間を通して用意されているのもそのため。小学1年生から中学3年生までペアや集団を組んでさまざまな体験をする。

キバナコスモスの植栽も、鶴飼さんが力を入れている取り組みのひとつ。土を入れ替える村の建設業協会の方々などの力も借りながら、先輩・後輩が力を合わせて、村の美化に取り組んでいるのだ。

「収穫した種は、小さい袋に入れて学園祭に訪れてくれた皆さんに渡しています。『命に優しい心、協力する心、奉仕の心』の3つの心を植えているんです、とメッセージを添えてね。年々、村のあちこちでキバナコスモスが増えているのがわかります」

村を抜ける一本道にどこまでも続くキバナコスモス。明るく輝くオレンジ色が風にそよぐその姿はすくすくと育つ子供たちの成長の証のように見えた。

大蔵村
OKURA
Yamagata / Tohoku

じんわりしみる、温泉郷と棚田の魅力

山形新幹線の終点、新庄駅から村営バスに揺られること約25分。村の北部、最上川付近に位置する大蔵村役場に到着する。南北に細長い地形をしているこの村は、明治22年の村政開始から2018年で130周年。これまで一度も市町村合併をせず、山形県内では唯一、単独の村として生き抜いてきた。鉱山や銅山など豊富な地下資源に恵まれ、財政的に豊かな村であった理由からだ。

村を支える基幹産業は農業と観光。ここ10年ほどトマトの生産に力を入れており、トマトを中心とした野菜の販売額は令和1年度で5億9千万円を超え、米の販売額を上回る。また、40歳以下の農業後継者たちによる会「メンズ農業」も後押しして、脱サラして農業に転職する新規就農者も増えている。

村の観光産業の中心である肘折温泉郷へは、新庄駅から村営バスに揺られて約50分。最後は、車1台通るのがやっとと思えるほど細い肘折温泉街を縫って到着する。

「肘折」という地名は、今から1200年以上前、肘を折った老僧がその傷を癒し、治ったことからつけられたという。出羽三山への登り口の一つ「肘折口」は、最も繁栄した江戸時代の中期、1日で約1,300人が月山へ向かったと言われ、この出羽三山参りの人々の宿泊が、肘折温泉の湯治のはじまりとされる。

一歩、温泉街に出れば、細い道沿いに旅館が軒を連ね、商店や名物・朝市が並び、まち歩きが楽しめるのも醍醐味のひとつ。旅館のロビーでは、馴染みの湯治客同士が偶然の再会を喜び、おしゃべりに興じる。見ているだけで癒される古き良きノスタルジックな時代にタイムスリップだ。

「日本で最も美しい村」連合に加盟したのは平成17年。連合設立時の7町村メンバーでもある。登録されている地域資源は、肘折温泉と、日本の棚田百選に選ばれた「四ヶ村の棚田」。8月は、四ヶ村の棚田に1,200個ものキャンドルが灯る「ほたる火コンサート」や、肘折温泉とアートのコラボレーション「ひじおりの灯」など、夏の風物詩であるイベントが目白押し。夕暮れとともに、旅館や商店の軒先に、灯ろうの明かりがひとつ、またひとつ灯ってゆく。大蔵村の魅力が、訪れた者の心と身体の隅々にまで、深くじんわりとしみ込んでいく。味覚が豊富な秋が過ぎ、そして冬が来れば、全国でも屈指の豪雪地帯であるこの村は、すっぽりと深い雪に包まれる。（2017年8月取材）

日本海

山形県

大蔵村

外に一歩、出てもらうための仕組みを作りたかった

「ひじおりの灯」プロジェクト発起人・つたや肘折ホテル代表　柿崎雄一

2007年からスタートした、「ひじおりの灯」プロジェクトは、山形市にある東北芸術工科大学の学生たちと肘折温泉によるアート・コラボレーション。学生たちが肘折温泉をテーマに、自由な発想で描いた灯ろうを旅館や商店の軒先につるし、夏の夜を幻想的に照らし出す。このプロジェクトの立ち上げにかかわったのが雄一さんだ。

「肘折温泉の開湯1200年祭の準備を進めている中で、何をしようか、と考えた時に、大蔵村出身の舞踏家の先生や、東北芸術工科大学の先生方に相談しに行ったんです。『アートで盛り上げよう』となったけれど、ここは、住民も温泉客もじいちゃん、ばあちゃんが多いところ。単に、学生たちの卒業制作を飾るだけではダメだと。じゃあ肘折温泉に合うものは何か？と考えた結果、灯ろうに落ち着いたんです」

もともと、灯ろう流しや、四ヶ村の棚田の「ほたる火コンサート」など、「灯」にちなんだイベントには馴染みがあった。「今でこそ、誰もやめようなんて言わないけれど、立ち上げの時は、こんな山奥の温泉に若い芸術家を連れてきてどうなるんだ？と反対もあったんです」と、当時の苦労を笑い話のように話す。

「ひじおりの灯」を始めた背景には、店が閉まるのが早く、逆に朝は5時半からオープンするという「超朝型」の肘折温泉で、夜、涼みながら温泉街を回遊してもらうための仕掛けを作りたい、という狙いもあった。「ここは温泉客の滞在日数も、滞在時間も、他の温泉に比べると長いんです。1泊2日でも、午前中に来て、翌日の午後ゆっくり帰る人も多い。肘折は、出歩いてもらうのが面白い場所。外に一歩、出てもらうための仕組みを作りたかった」と雄一さん。

さらに、「何かしらの話題を作って、月に1回、新聞記事として取り上げてもらう」という目標もあった。外に向けて肘折温泉の効果的なPRが出来るからだ。こうした努力の甲斐があって、今や「ひじおりの灯」は夏のイベントとして定着し、今年も、芸工大で学んだアーティストやデザイナーら、10人が描いた灯ろうが湯治場の夜をほのかに彩る。

柿崎さんが、こうした活動に心血を注いできたのは、自分の子どもたちに、いつか「ふるさとに帰ってこい」と言えるだけの魅力ある場所にしておきたい、という思いがあるから。村の子どもたちは中学を卒業すると、高校進学で一度、村を出てしまうことが多く、その後、それきり戻ってこないケースも少なくないという。「私が目指しているのは、子ども、その孫が帰ってきてくれる町づくり。帰ってこい、と言うからにはそれに足るだけのものがここにないと。その種まきを地道にしているんです」

「観る」だけでなく、「時間の使い方」を楽しんで

カネヤマ商店　須藤和彦

　湯治場として古くから栄えた肘折温泉で、大正時代に創業した「カネヤマ商店」。地酒や土産物から、食品、日用品まで取り揃える。コンビニが存在しない肘折温泉で、湯治の暮らしと文化を支えてきた大事な存在だ。その五代目を継ぐ和彦さんは、大蔵村のお隣に位置する新庄市生まれ。大学ではCG（コンピュータグラフィックス）を専攻し、映像関係の仕事に就いていた。毎年7月に行われる「開湯祭」の記録映像を撮る仕事で肘折温泉を訪れたのが、結婚して「移住」することになったきっかけだ。

　「その時、肘折温泉に出会い、ついでに妻とも出会いました（笑）。母方の実家が大蔵村だったので、子どもの頃、来たことはあったのですが、大人になって来ると、改めて『こんな所が自分の住むすぐ近くにあったのか』と感動しました。『ここは何か変だ、いや、何か持っている場所だ』と土地に惚れ込んでしまって」

　一言で言うと、肘折温泉の魅力は「ひと昔前にタイムスリップしたかのような異次元空間」と和彦さん。江戸時代、農閑期に心身を休め、病気治療のために行われていた湯治は、「湯治三廻り」（一廻りは7日間）という言葉があるように、21日が必要な湯治日数とされていた。今でも、肘折温泉の旅館には、通常の宿泊料金と、長期滞在者用の湯治料金が設定されている。「かつて湯治客は、旅館の縁側に七輪を出して、そこで焼き物を楽しんだり、歩いている人におすそ分けをふるまったりして、客同士が自然と仲良くなる雰囲気

があったそうです。そんなシーンを現代にまた復活させたいんです」

　近頃はSNSなどで肘折温泉を知った若い世代も訪れる。「お客さんから『肘折温泉って他に見るところありますか？』とか、『インスタ映えする場所を教えて』と聞かれたりしますが、ここでは何かを『見る』のでなく『時間の使い方』を楽しんでもらえたら」

　和彦さんが提案したいのは、「現代にマッチした湯治場の使い方」。「もともと湯治場は、自炊して滞在した場所。今なら、キャンプに近い形で使ってもらえたらいいなと思います。縁側で七輪を使ったBBQもやりたいし、食材を持ち込むとシェフが料理してくれる『ギブミーベジタブル』のような、現代に見合った自炊を復活させたいんです」

　人と人の距離が近く、どこか懐かしさを感じさせる肘折温泉。「ここは人を呼ぶ場所。肘折温泉に来てから会いに来てくれる人も増えて、人とつながる確率がぐんと増えました」と和彦さん。かつて、開湯祭を撮影しに訪れた時も、祭りに参加している白装束姿の青年団メンバーたちからお酒をすすめられ、おおいに盛り上がったという。地元、よそ者、関係なく仲良くなれてしまう雰囲気。訪れる者をとりこにしてしまう日常の中の「非日常感」。それこそが、「肘折温泉には何かある」と和彦さんに感じさせた「魅力」のようだ。

　「この肘折温泉ならではの独特の空気を今後も残していきたいです。次の世代、その先まで、この湯治文化を守っていかないと」

「いらっしゃいませ」役場＝サービス業ですから

加藤正美　大蔵村長

　もともとは、いち専業農家だった加藤村長。44歳で議員になり、3期務めた後、「村をもっと元気に活性化させたい」と村長に立候補した。議員の頃、役場から提出された案に可決か否決しかできないことに葛藤を感じていたという。そこで、「村民の皆さんが叶えたい願いがあって、それを具現化するには、自分が首長になるしかない」と腹を括った。一見、議員と首長では立場が正反対だと思うが、「村民の安心で安全な暮らしを守り、生活環境を良くする、という点では一緒」と考えている。

　村長になりまず最初にやったことは、役場改革。「役場＝サービス業」と捉え、来てくださったお客様に対して「いらっしゃいませ」の心で頭を下げる。そして、「ありがとうございました」の気持ちが伝わるような対応を職員の方にお願いしたそうだ。「何より、役場内をイキイキと、明るく、あたたかみがあるものにしたかった」という加藤村長は、庁舎内で自分から積極的に挨拶を心がけ、優しく、親切、丁寧な対応を徹底した。結果、外から来た人に「明るくて活気ある役場ですね」と言われた時は、とても嬉しかったそうだ。

　そしてほかにも、全村民の葬儀に参列する。「一人の村民として大蔵村を愛し、縁あってここに暮らしてくれた人がこの世とさよならする時は、せめて「お疲れ様でした」の気持ちで送り出したい、と思うからです」。選挙では、反対派の「しこり」もあったが、終わってしまえばノーサイド。村の一体化を目指すうえで、その姿勢を自ら示すために始めた。

　そんな大蔵村は、人口3,080人（令和3年4月1日現在）の、山形県では一番小さな自治体。一方「日本で最も美しい村」連合に加盟している自治体の中には、もっと小さなところもある。「小さいからと言って卑下することはまったくなくて、小さいからこそ出来ることがある。自信と誇りを持って仕事に臨んでほしい、日ごろから職員のみなさんにそう伝えています」

　村の今後10年間の総合計画では、重点施策のひとつに「日本で最も美しい村づくり」を挙げている。実際、「美しい村づくり推進協議会」という組織では、「美しい村」として磨きをかける活動をしているが、ゆくゆくはその理念を、村民全員に周知徹底させることを目指している。そしてそのために考えたのが、毎年行われる美しい村の総会をこの村で行うこと。子どもにも認知してもらえるよう、学校の授業で「美しい村の美しい学校」をテーマにお話してもらったり、村内のいたるところでプランターに花を育てたり、創作花壇を作ってもらったり。村民の皆さんとともに「美しい大蔵村作り」に励んでいる。

　「移住者を増やすための施策が盛んですが、移住してもらう前に、受け入れる側の考え方をレベルアップする必要があります。この村が好きでこの村が素敵、と言ってもらえるような村づくりをすること。そのためにも地域に自信と誇りを持つ子どもたち、若い層を育てていくことが大事だと感じています」

©Photo: 佐藤秀明

 飯豊町
IIDE
Yamagata / Tohoku

厳しい冬を超えて守られる、昔ながらの風景

「東北のアルプス」とも称され、今なお手つかずの自然が残る飯豊連峰と、その飯豊連峰から流れ出る清流・白川。その流域に広がる、肥沃な扇状地に形成された田園散居集落は、日本で最も美しい景観の一つとして知られており、自然と共に生きる暮らしが作り出した生活の知恵が可視化されたものと言える。

19世紀後半から20世紀初頭に活躍したイギリスの女性旅行作家、イザベラ・バードが山形を旅した際、ここ飯豊町で住民たちから受けたあたたかなもてなしと、峠の頂上から眼下に広がる米沢平野を前にした感動を、「東洋のアルカディア（桃源郷）」と称賛したエピソードが有名だ。

飯豊町の宇津峠から里山を一望すると、遠景には美しい山並みが連なり、眼下には手入れの行き届いた田畑と、田園散居集落の風景が広がる。広大な田園にぐるりと囲まれた中にポツポツと点在する家々。家の周囲を屋敷林という背の高い木々で張り巡らした散居村は、冬の時期、厳しい風雪から住居を守るために考え出された知恵であり、全国でも数少ない、日本の古き良き、貴重な景観を形成している。

飯豊連峰、田園散居集落に加え、もう一つの地域資源である「中津川地区の里山景観と里山文化」。白川ダムの豊かな「水の風景」、茅葺屋根のある「暮らしの風景」、農家民宿の「おもてなしの風景」など、どこかほっと落ち着くような「昔ながらの風景」がいたるところに残り、まるで、日本昔話の世界に迷い込んだような景色が楽しめる。中津川の民家は、中門造り（ちゅうもんづくり）という母屋の入口が中門の突出部をもつ雪国ならではの特徴がある。これは、雪が深く、積雪期間も長い雪国地域の人々の知恵から生まれた家屋といわれる。長く、厳しい冬を越えて芽吹きの季節になると、農山村風景は一気に彩り豊か

に色づき、力強い生命力にあふれる。

牧歌的な景色の中を歩いていると、遠くの畑の片隅で、スゲの編み笠をかぶり、ゼンマイの山菜をもんで、天日干しにしている女性の姿が見えた。畑の緑、咲き乱れる菜の花の黄色、スゲ笠の白、空の青。

飯豊町の「美しさ」は、自然と共存しながら、昔ながらの丁寧な生活の営みの中に息づく。それが日常という名のほんの「ひとこま」にもあらわれている。（2016年5月取材）

日本海　山形県
飯豊町

「限界集落」から「限界を感じさせない集落」へ

なかつがわ農家民宿

中津川で農家民宿が始まったのは平成18年ごろ。東北でも有数の豪雪地帯として知られ、遠い昔、車がまだ庶民の暮らしになかった頃は、村で病人が出ると、村人たちが一致団結して、病院のある集落まで峠を越えて担いでいったという。まさに隣近所の協力なくしては生き残れない村だった。

あまりの雪深さゆえ、冬の季節は、学校の先生さえも、近くの民家に下宿しながら学校に通ったほど。そんな、一度訪れたら簡単には帰れない、必然的に泊まらざるを得なかった土地柄ゆえ、旅人やよそ者に対しても気さくなのが中津川の人々の特徴だ。加えて、「以前から山村留学で、埼玉や東京など首都圏からのお子さんを最長で1年、家で預って学校に通わせる里親経験をしてきたこともあって、民宿を始めることへの抵抗はもともと低かったですね」と、農家民宿「いろり」の女将、伊藤信子さん（写真右端）は言う。

家で冠婚葬祭を執り行っていた名残りから、どの家にもお膳やお布団が20組はあるのが当たり前で、玄関は鍵をかけずにつねにオープン状態。人里から離れた辺鄙な場所ゆえ、この地を訪れた人は泊まっていき、長い夜にじっくり語り合う。厳しい冬の気候ゆえの要素がうまく重なって「農家民宿」という形になったのも、必然と頷ける。

中津川の農家民宿はそれぞれが、料理、体験メニューなど各宿独自の個性を打ち出しているが、どのお宿にも共通するのが、「山菜料理」。この日、訪れた「いからし本家」でも、テーブルいっぱいに、ワラビやぜんまいの煮物、青菜（せいさい）漬け、玉こんにゃくの煮物、手作りのゆべしなどの手料理が、「10時のおやつ」と称して並べられた。

和やかにおしゃべりが進むなか、「あがれ、あがれ（食べて、食べて）」と気持ちよくすすめてくれるので、朝ご飯をたくさんいただいた後でも、ついつい、箸が進む。高菜の仲間である青菜を漬け込んだ山形を代表する「青菜漬け」は、ザラメを使いほんのり甘く仕上げているのが特徴。おむすびに巻いたり、白いご飯のお供に最高に合うお漬物だ。

「宿の料金についてのおおまかな取り決めはあるものの、提供するメニューについては自由です。どの宿でも、地元で採れる山菜とヤマメは欠かせませんね。それぞれがお料理については技を持っているので、講習会で教えてもらったレシピを元に挑戦してメニューに取り入れたりしています」と、「いからし本家」の女将五十嵐あいさん（写真左から2人目）。ちなみに「いからし本家」は、築200年の古民家を改修したお宿。天井が高く広々とした家の中は、養蚕が盛んだった時代の様子をしのばせる。家の前に水車が回り、縁側から望める雄大な飯豊連峰の景色も魅力のひとつ。7月には小川にホタルが乱舞する姿も楽しめるそうだ。

山菜料理 裏山からとってきた山菜やきのこを使った郷土料理。野原で摘んだ摘み草料理でおもてなし。

手打ちそば ひで爺が打つそばは絶品。山菜や野菜のてんぷらを添えてどうぞ。手作り豆腐も味わえるかも。

わらびのビビンバ丼 中津川といえばわらびの産地。

やまめの刺身 中津川の清流で育てたやまめをお母さんが手際よく刺身にしてくれる。

山菜汁 家の周りにはいろんな山菜がどっさり。おいしい山菜がたっぷり入った山菜汁をどうぞ。

やまめ寿司 新鮮なやまめを使ったやまめ寿司は海の魚を使った寿司に負けないくらいおいしい。

なめこ丼 深山育ちの肉厚天然なめこをたっぷり使ったどんぶり。簡素ながらも美味最高。

　一方、農家民宿「ごえもん」は、ヤマメ料理一筋。新鮮なヤマメを使った刺身やお寿司、てんぷら、甘露煮など、工夫を凝らした様々なヤマメ料理が味わえる。山野草が趣味のご主人が、その栽培法などを教えてくれることも。「バリアフリー対応なので、お身体が不自由な方でも安心してお泊りいただけます」と、女将の鈴木みちさん（前頁写真左端）。

　農家民宿を利用する客は、比較的年齢層が高めで、ホームページを見て、全国はもとより、台湾やタイ、香港からも泊まりに訪れる。「特に海外からのお客さんは囲炉裏で食事をするのが珍しいので、とても喜んでくれます。会話は、漢字の筆談で通じることもあれば、タイになると言葉もお手上げ。だけど、『美味しい』『ありがとう』『No. 1』などの言葉は、皆さん覚えてきてくれるので、どうにか最低限は伝わっているかな。最後は『どうにかなる！』の精神ね」と、「いろり」の信子さんは笑う。

　台湾や香港では雪が珍しいので、中津川の豪雪は特にとびきりの魅力に映るのだとか。「雪の壁の間にローソクを灯す、『灯の回廊』の演出をした時は、家の灯りをすべて消して、囲炉裏を囲みながらガラス越しに映ったローソクの幻想的な炎を眺めました。ここに住んでいる私でさえ、あらためていい所だなぁと思ったほど」

　農家民宿が始まったきっかけの一つは、ここ中津川地区が「限界集落」の烙印を押されたことも大きかった。「その悔しさから、自分たちの手で、この地区のために何かしたいと思った」（あいさん）。それが、今や海外からも、宿泊に来るお客さんでにぎわうようになった中津川。「もっとたくさんの人に来てほしい、というよりは、身の丈にあった経営を考えると、今くらいのペースがちょうどいいみたい。飯豊米で作ったお土産用の米菓の商品開発なども、今、進めているところなんですよ。ただ、今後のことを考えると、若い人々に受け継いでもらうには、『食べていける民宿』、というのも課題のひとつね」とあいさんは言う。

　「自分たちの集落を、どうにか盛り上げていきたい」。そんな思いから始まった中津川の女性たちのおもてなし。

　「これ以上は食べられない、もうお腹も心もいっぱい！」

「美しさ」は厳しい自然との共存にこそ宿る

後藤幸平　飯豊町長

　後藤町長にとって「美しい原風景」といえば、雪がシンシンと降り積もるなか、茅葺屋根に雪がぽっかりと積もって、電球の灯りが窓からもれる、子どもの頃の記憶。厳しい冬を越し雪が溶ければ、草木が芽吹き、土のむんむんとするようなにおいが立つ。当時の遊びは、ご飯と味噌を詰めた弁当箱を持って川べりへ出かけ、土から掘ったヒロコ（ネギ科の一種）やノビルなんかを川の水で洗い、味噌をつけてご飯をかきこむ。それが楽しい思い出。「今思い出しても格別な美味しさでね。そういう日常の遊びの中での土のにおいは、今でも覚えている」と話してくれた。

　春は土遊び、夏は川で泳ぎ、秋は木の枝をブーメランにしてくるみなど木の実を落した。遊びに夢中になって真っ暗になるまで帰るのを忘れ、心配した父母が山道で帰りを待ちわびている。そんな風に、子どもの頃から好奇心旺盛な探検家タイプ。後藤町長のそんな気質は、大人になった今も変わらない。「安全パイ」の発想がそもそもないので、もちろん全部成功するわけではないが、たとえリスクを冒してもやることはやるし、行く必要があるところには行く。

　飯豊町を語るうえで欠かせないのが「水との闘い」。米沢藩は立派な藩だったが、人々の暮らしは貧しく、特に水の獲得のために必死に戦ってきた歴史がある。今から150年前、「為せば成る　為さねば成らぬ　何事も」の名言で有名な上杉鷹山公は、飯豊山を和算の技術をもって貫通させ、新潟に流れる水を山形側に引き込む灌漑工事を行った。それは、20年もの歳月をかけたまさに「世紀の難工事」だった。

　飯豊町の「美しい」景色は、豪雪をはじめ、いつもリスクとの隣り合わせで生まれてきた。厳しい自然に耐え、生き抜くからこそ、それを見た第三者が「美しさ」を感じ取る。どうしても人は、「安易なもの」や「簡単に手に入るもの」に飛びつきがちだが、後藤町長の考えは、「本来は簡単には解決できそうにない課題にこそ、人は集まらなくてはならないし、ハングリーさを持った課題にこそ、人々の興味のベクトルが向かなくてはならない。それこそが社会の原点じゃないかな」。

　町の経済政策の一つである「地域内自給」は、町内で生産された農作物やエネルギーなどの地域資源を、できるだけ地域内で消費する循環型社会を目指している。町では、30年計画でこの「地域内自給」を実現させる予定だが、町長は「何よりも、町民の幸せが行政としての最終的な課題です」と話してくれた。

既決　未決

飯舘村
IITATE
Fukushima / Tohoku

お金が全てという現代社会を問い直す

阿武隈山系北部の高原に開けた豊かな自然に恵まれた美しい村。2011年3月11日に起きた福島第一原子力発電所の事故による放射能漏れによって、飯館村の土地は汚染され全村避難を余儀なくされた。

お金がすべてという現代社会を問い直し続け、本当の豊かさを目指して丁寧な村づくりおこなってきた飯舘村。村の先鋭的な取り組みのひとつに1989年に始まった「若妻の翼」がある。

「農家の若い嫁に世界を体験させてあげよう」
村にお嫁さんが来ない、若者が農業を継がない、当時、飯館村は嫁不足と後継者不足に悩んでた。そんな中、海外の生活を体験する旅「若妻の翼」が、ひとづくり事業として生まれた。妻が変われば村は変わる、これからは女性が村を支える時代だと村は考えたのだ。

しかし10日間の欧州旅行。それも農家にとっては一年中で最も忙しい秋。嫁が突然「私、欧州に行きたい！」と言い出して、村はそこら中で大騒ぎだったそう。「"女を不幸にして、男だけが幸せになれない"という時代認識がカギだったと思う」「言いたいことを言い、したいことができる女性を増やすのが特効薬と見定めて、事業に取り組んだ」現村長の菅野典雄さんは自身のエッセイで、そのように振り返って書かれている。

そうして若妻の翼の第一陣は1989年に出発した。その後5年間で91人が欧州へ飛び立った。大変な時

こそ次の世代へ力を入れるというのが飯館村の精神。第一陣が飛び立ってから33年後、今は村を離れた別々の場所で「若妻の翼」たちの第二幕が始まっている。（2014年2月取材）

焼き続けること

米粉パン職人　鮎川ゆき

　古里の秋田に避難する途中でとうとうガソリンが尽きた。

　「あぁ、これからどうなっちゃうんだろう。小さなクルマ一台でとにかく村を出てきたけれどここまでかぁ」

　その場所は「新庄」。新庄市は山形県の北東にある人口４万人弱の市。それまでのゆきさんにとっては、両親の古里である秋田へ向かう通過点の場所に過ぎなかった。

　身動きの取れなくなったゆきさんは、クルマから一歩外へ踏み出した。まだまだ凍れる東北の３月。しかし新庄市の人々は温かく迎え入れてくれた。そしてゆきさんは地元のＮＰＯ団体に就職。レストランで米粉パンやケーキを焼きながら、いつしか周囲の温かさが体に浸透していく。気持ちがほぐれ、気分が落ち着いていった。

　「偶然たどり着いただけの見ず知らずの私たちを受け入れて、親身に接してくれる。『新庄』はいい場所だなぁ」

　震災直後の飯舘村から新庄に来て１０年以上。

　「新庄のみなさんから贈られた大きな暖かさには及ばないけど、私にできることはひとつしかない。生地をこねてパンを焼くこと」

　パティシエとしての経験も持つゆきさんがつくる米粉パン。甘さの加減にも熱が入っている。

煎り、コーヒーとともに暮らす

自家焙煎珈琲 椏久里 店主 市澤美由紀

　村から約40キロ、福島市で営業を再開した自家焙煎珈琲店「椏久里（あぐり）」。避難先への移転ではなく、新規店舗「福島店」という位置づけ。本拠地はあくまで飯舘村との思いからである。

　「村があっての、山やのどかな風景があってのお店だった。その場所にあるからこその価値。なによりも大事に育ててきた地域社会が丸ごと失われてしまいました」

　これまで果たしてきた役割は、美味しいコーヒーの提供だけではない。村に「産直」などなかった時代に、農産物を作るだけではなく「消費者にどう届けるか」が大切だと考え、直売所を始めた。次第に、村には「峠の茶屋」が必要だと感じるようになった。

　「会話を紡げる場所。村へやって来る人、村を横切る人、人々がちょっと休める場所があったらいい」

　両親が作った農産物を直売しながら、平成4年に椏久里を開店。以来「よいコーヒー」を追求し、サービスも徹底してきた。

　「私はどこへ行ってもコーヒーをいれる。おいしいパンを焼く。けれど、村の人間関係あっての椏久里。飯舘の美しい山村のなかでの椏久里。それが本当の姿なんです」

　古民家を移築した店舗の「椏久里 福島店」。凛とした空気の中にコーヒーの香りが引き立つ。ここは格別素敵な空間だが、それ故に飯舘村の椏久里への思いが強く募る。

ずっと大学に行きたいと思っていた

元 「ほんの森いいたて」副店長　高橋みほり

「あとで振り返った時にただの避難生活、日々に追われるだけの生活にはしたくなかった。その時間で何かを掴みたい、獲得したかった。今この時を、天から与えられたものと受け止めて、だから兼ねてからの思いであった大学に通おうと思ったの」

みほりさんが進学したのは福島にある大学の行政政策学類。1987年の学部創設以来一貫して、「地方の時代」「分権化の時代」のニーズに応えることができる人材の育成を目的とする。実習やフィールドワークを重ねて「コミュニティ共生モデル」を実践的に学び、行政の手が入りにくい領域に、細かくアプローチできるのだ。大学には年齢、出身地、バックグラウンドの異なる学生が集まっている。1991年に起きた阪神淡路大震災の地、兵庫から来た学生。いわき市から来ている学生は、震災時、自宅が津波で流された話をしてくれた。そんな物語を交換する。悲しみが深いほどに、人は言葉や思いを直接交わし合い、支え合いながら生きているのだということを実感する。

「飯舘村で書店員として働いた10年の経験から、対面の人との関係は勉強できた。それを次は大学で理論と実践の裏付けを重ねて深めていきたい。そう、ちゃんと勉強してね。これからの地域社会づくりに役立てたい。でもそれを活かせるようなそんな仕事あるかなぁ。あればいいですねぇ」

つながりの回復

飯舘村役場 健康福祉課 保健師　齋藤愛子

「震災前は、地区で集まって健康教室を行い、訪問に行けば畑で話を聞いたりしていました。いつも3、4人集まりお茶のみ話をし、サロンのようになっている家もありました」

震災後、当たり前にあった自宅、田畑、自然、仕事、家庭、地域のつながりをなくしてしまった喪失感。住民の多くは仕事を奪われたことで、体を動かすことが少なくなった。運動不足から生活習慣病が多くみられ、慣れない避難暮らしのストレスからこころの病気になる人も増えていた。

村民がバラバラに避難したため、村ではICTタブレットを各家庭に配布し、そのなかで、保健師がラジオ体操のモデルとなって運動の普及を図っている。その一人である愛子さんは、「それを見ながら運動をしてもらうことも目的ですが、健康教室に参加できない人たちにも『私たち保健師が皆さんの健康づくりを応援していますよ』というメッセージを伝えたかった。『いつもICTタブレットを見ているよ』と言われるととても嬉しい」と話してくれた。

「自分で歩いて、住民の話を聞き、そして保健事業につなげる。住民の顔が分かり、住民も保健師の顔が分かる。その距離感が好きなんです。これからも一人ひとりを訪ねてお話を聞きたい。その気持ちをいつまでも大切にしていきたいです」

中之条町 伊参/六合
NAKANOJO ISAMA / KUNI
Gunma / Kanto

茅葺き住宅、高山植物に囲まれる湖や湿地、色鮮やかな緑の公園

関越自動車道を渋川伊香保 IC で降り、吾妻川沿いの道路を草津方面に向かう。車窓から見える吾妻川はゴツゴツと大きめの岩が目立ち、水量は少なく流れは穏やかだ。渋川市内からは約 30 分ほどで中之条町の中心部に着く。

まず立ち寄りたいのが、中之条町ふるさと交流センター tsumuji（つむじ）。観光協会、四万温泉の湯が楽しめる足湯、地産の食材を提供するカフェ、伝統工芸品や作家の一点物作品を手に取り購入することができるショップがある。地元民と観光客が行き交う文化と町の情報発信基地だ。

中之条町は群馬県内4番目の面積を誇るだけあり大きい。「日本で最も美しい村」連合に加盟するのは、伊参（いさま）と六合（くに）、二つの地域。

「花と湯の町なかのじょう」というキャッチフレーズ通り、それぞれに泉質の異なる9つの温泉と、花の町づくりに力を入れている。季節の花が彩る中之条ガーデンズと中之条山の上庭園を結ぶ約20キロの区間はボランティアによって花桃が植栽され、「日本一の花桃街道」を目指している。

伊参は、かつて養蚕が盛んで、江戸末期に建築された大型の茅葺き家屋「冨沢家住宅」が当時の養蚕農家の繁栄を伝えている。廃校になっていた中学校を改装した「伊参スタジオ」は、映画祭会場や映画などのロケ地となっている。「旧五反田学校」は、現代アートの祭典「中之条ビエンナーレ」の展示空間として、会期中は多くの人が訪れる場所となった。「里山と木造建築の景観」、「お茶講」が「日本で最も美しい村」連合の地域資源に認定されている。

一方、山間部に位置する六合は、もともと六つの村の大字を合わせてできたことからその名がついた。六合の雄大な自然に囲まれた野反（のぞり）湖の周囲には 300 種類以上の高山植物が咲く。野反湖は過去にスキー場や高圧鉄塔の計画、湖畔にホテル建設

などの幾多の危機を乗り越えて、今の自然景観が残された。近年は害獣対策に苦慮しているが、貴重な高山植物や美しい湖の景観は、行政と地元住民をはじめ多くのボランティアによって維持されている。

高山植物の宝庫でありラムサール条約に登録された芳ヶ平湿地群、鮮やかなグリーンのビロード絨毯を敷き詰めたようなチャツボミゴケ公園など、ここにしかない変化に富んだ自然景観もある。また、川そのものが大きな露天風呂の尻焼温泉は、野趣あふれる秘湯の極みを味わえる。（2020 年 2 月取材）

日本海

中之条町

群馬県

「失ったら二度と取り戻せないもの」に囲まれて

六合尻焼温泉　星ヶ岡山荘 女将　大谷郁美

実家は草津温泉で旅館を経営、二人の兄も家業を継いでいる。東京で子育てをしながら暮らしていた郁美さんに転機が訪れたのは、5年前。事情により後継者を探していた六合の旅館を急遽、任されることになったのだ。

「前の経営者から宿を続けていけない、と父のもとに相談が持ち掛けられたそうです。父は『六合は草津よりも面白いところだ。引き受けよう』と」。その大役が郁美さんにまわってきた。

急な展開に、周囲を説得したり迷うヒマはなかった。「すべては父の一声でした。そういう父でしたから」と当時を振り返る。

実家の旅館業を子どもの頃から手伝い、母や祖母の背中を見て育った。

「二人とも働きづめでしたが、ちっとも大変そうではなく、根っからのお商売好きでした。一方、旅館ではお客様のような顔をしていて、ご挨拶すらしなかった父ですが、お客様のお見送りは姿が見えなくなるまで、と幼い頃から教えられてきました」

そのお見送りスタイルは、郁美さんにもしっかりと受け継がれている。

一度やると決めたことは実行し、発想豊かなアイデアマンであったというお父様。館内の暖房に尻焼温泉のお湯を引いて利用したり、草津には片岡鶴太郎美術館を創設した。

「父は大学を中退して、実家に戻って旅館業を継ぎました。祖父が具合を悪くしたためです。当時、経営が苦しかった宿を再建させたのも父でした」

経営者として手腕を発揮したお父様は郁美さんが宿を継いだ翌年に亡くなった。この5年無我夢中で走ってきた。

「父から受け継いだ精神は大きいですね。こんな時、父だったらなんと言うだろう、父だったらどうするだろう。そう考えては自問自答する日々です」

3人の子どもの母でもある。「長女がぜんそく持ちだったこともあり、『田舎で暮らしたい』と。今では伸び伸びと育っています。外に出て『雨のにおいがする。今日は雨が降るよ』といった何気ない会話から、子どもたちの感性が鋭くなっているのを感じます」

六合に来て5年。「この場所が好きになりました。六合のいいところは、何もないところ。何もないからこそ、星は綺麗だし、空気も毎日違います」。春になれば色とりどりの花が咲き、新緑の時期にはみずみずしい緑で山は輝くが、お邪魔した2月初旬は、雪も少なくまさに「何もない」時期。

「今はご覧の通り何もないですが、福寿草やクリスマスローズが芽を出し始めて、咲くための準備を今まさにしているところ。力強い生命力を感じます」

そう言われて、「何もない」との「何」とはそもそも何だろうと想像してみる。あるいは「何でもある」とは何を指しているのだろう？「何」はいったい「何」？　そして都会から移り住んできた、郁美さんの言葉だからこそ、「何もない」がいきいきと聞こえる。

「日本で最も美しい村の新聞にもある通り、

『一度失ったら二度と取り戻せないもの』がある。いま、六合の中学校が統廃合される可能性があるのですが、六合という集落そのものもこの先、なくなってしまうのでは、と心配しています」

そして、こう続ける。「六合はとても自然豊かで美しい場所だし、人も面白い。だけど、ここに住む人はとても控え目。もっともっと伝えて欲しい。六合が素晴らしいこと、人が素晴らしいことを」

六合の子どもたちは地域への誇りやふるさと愛が強い。学校の授業で山菜の天ぷらを揚げたり、地元の陶芸家のもと、土から採取して陶芸を習うなど、この土地の魅力、資源を活かした学びがあるのも特徴とのこと。

「子育てをするにはここは魅力的な場所。コンビニはないし不便さもあるけれど、この大自然の中で子どもたちが感じることの全てが、成長するうえで、とても大切な経験だと思います」

来てくださったお客様には「六合の良さ」を知ってほしい。そんな思いから、宿で提供する食材はできるだけ地元のものにこだわっている。敷地内に自生するクレソンを添えたり、フキノトウを採りに行って天ぷらにしたり。その一皿ひと皿が六合からの季節ごとの贈りものであるように。

また毎年、5月に開催されるイタリア発祥のヴィンテージ自転車レース「エロイカ ジャパン」の時期には、300個のおにぎりを提供するなど、宿は選手を支えるエイドとしても貢献している。

「母はサービス精神旺盛な人でおにぎりも鮭をたっくさん入れてにぎります。お客様への姿勢は父や母、祖母から教わったことがたくさんあります」

そんな家族が切り盛りする宿は静かに過ごせる落ち着いた雰囲気で、何度入っても湯疲れしない、お湯の柔らかさも魅力。歩いて行ける距離には、川そのものが大きな露天風呂である尻焼温泉がある。夏休みの時期になると家族づれで賑わうが、冬の時期はゆったりと独特の川湯の風情に浸ることができる。

女将が目指すのは「居心地の良い旅館」。オープン以来、宿は常に少しずつリノベーションを重ね、もと物置部屋だったところは、宿泊客がコーヒーを楽しめるスペースに変えた。館内のいたるところに、山野草がさり気なく飾られている。ロマンあふれる宿の名前は、先代が好きだったという芸術家、北大路魯山人にゆかりのある料亭「星ヶ岡茶寮」にちなんでつけられた。

「兄たちと宿の経営について話すことはあまりありませんが、『もっとインバウンドを増やさなくちゃダメだ』とも言われます。ただ、お客様は『何もしない贅沢』を楽しまれている方が多いので、私としては、『静かに過ごせる』ことを一番大切にしたい。貫くところは貫く、そんな姿勢でこの先も宿を守り続けたいと思っています」

花とアート、個性ある町づくりで次世代につなぐ

伊能正夫　中之条町長

　「花と湯の町」を掲げている中之条町では、近年、力を入れている取り組みの一つに、六合の花き生産がある。町ではクリスマスローズやアルケミラなど200種類の花を「六合の花」として東京や大阪に出荷、その品質が高く評価されている。

　「六合の花はブランド化されていて、一定の価格で取引されています。山野草のように、昔は添え花として脇役だった花が、今は主役としてニーズが高まっていて、ブーケやフラワーアレンジメントなどに使われるそうです」と伊能町長が教えてくれた。右の写真では、町で伝わる鳥追い祭りの縁起物を手に持たれている。

　市場だけでなく、直接花屋にも卸される六合の花の強みは、「今、こうした花が求められている」といった現場の情報が直接、生産者側に提供される点。

　「いいものを作って出せば必ず売れる、というビジネスモデルのお陰で、移住して自分でも花き生産を始める新規就農者が続くなど、いい相乗効果が生まれています」

　こうした新規就農者の強力な味方が、「先輩指導者の存在」。生産に必要な機械を貸したり、無償で苗を分けてあげるなど、地元住民の人柄、あたたかさが大きく貢献しているという。

　人口減対策はどの地方でも同じ課題だが、「日本中が同じことをしていてもパイの奪い合いになってしまう。何か特化したテーマで人を集めるしかないでしょう」というのが伊能町長の戦略だ。

　その代表的なものが、中之条ビエンナーレ。これを機に町に移り住む作家も多く、「ビエンナーレの1か月だけでも町は多くの人で賑わいます。150名ほどの作家のうち50名が外国人を占めるなど、作家同士の国際交流も活発になっています」

　近年、町のルーツを巡るホットな話題が「中之条町と東京・青山のつながり」。本来、茶の生産地でない中之条町でなぜ「お茶講」という京の公家文化が残っているのか。それは、中之条町の青山という地が、東京・青山にあった青山家のルーツであり、青山家が中之条町にお茶講を伝えた可能性が高い、という興味深い歴史が分かってきた。これをきっかけに、中之条町、東京・青山、また青山家が江戸時代藩主を務めた岐阜県郡上市の三地域で文化交流が始まり、青山家の菩提寺、南青山にある梅窓院で「郡上踊り」が始まるなど、かつてのご縁が復活、現代に蘇っている。

　「日本で最も美しい村」に加盟する縁で、「切り絵」という町長の趣味がつないだ「スイスの最も美しい村」訪問。17世紀以降、切り絵が盛んなスイスでは、物語性、個性的な表現力を持った作品が作られている。その技は、受け継がれ、国内に約1,000人の切り絵アーティストがいると言われている。

　「切り絵や記念硬貨のデザインの分野できちんと生計を立てている人たちがいて、猫をテーマにした町づくりなど、小さくても特徴ある町づくりをしているのが印象的でした。また、なんと言っても花。スイスではどこへ行っても花の美しさが目に留まりました」

高山村
TAKAYAMA
Nagano / Shinshu

しだれ桜から、ぶどう栽培、
パウダースノーなど、四季が豊かな村

長野駅から長野電鉄に揺られること30分。須坂駅で下車し、そこからバスに乗り換え20分ほどで高山村役場に到着する。黒いレンガ風の外壁がシックな庁舎は、お隣の須坂市出身の建築家である宮本忠長建築設計事務所によるもの。給食センターなど村内のいくつかのシンプルモダンな建物の設計は同事務所が手がけている。

ここ高山村は標高400メートルから2,000メートルまで高低差があり、昼夜の寒暖差が大きく、西に開けた日当たりのいい扇状地が広がる。高山村のこうした自然条件は、りんごやぶどうの生産に適しており、ワインの銘醸地であるフランスのシャンパーニュ地方やブルゴーニュ北部にも似た理想的な気候。ここ数年、ワイン用ブドウ栽培を始める新規就農者も増えており、かつての耕作放棄地がぶどう畑として蘇るなど、ワイン産地としての地域振興に力を注いでいる。2016年10月に完成した「信州たかやまワイナリー」は、村で作られたぶどうからワインを醸造、販売するだけでなく、醸造家の育成も視野に入れた中核的な存在。今後はヨーロッパをはじめ世界に通用する「高山ブランド」を目指す。

「日本で最も美しい村」連合に加盟したのは平成22年。登録資源は、しだれ桜の古樹が広がる山里の原風景、上信越高原国立公園に指定され紅葉スポットとして人気の松川渓谷、スイスのような牧歌的な風景を醸し出す山田牧場を有する笠岳山麓の自然美、人と自然に優しい環境保全型の農業などがある。松川渓谷沿いには、泉質の異なる8つの温泉が点在し、信州高山温泉郷を形成している。中でも開湯200年を越える山田温泉は、古くから湯治の宿として親しまれ、森鴎外や与謝野晶子など多くの文人にも愛されてきた。

さらに集落地帯で雪が40センチ以上、山間部では2メートルを超すこともあるため特別豪雪地帯に指定されており、冬の高山はウィンタースポーツの宝庫。国立公園内ならではの大自然のもと「ヤマボク」の愛称で親しまれている山田牧場は、良質なパウダースノーが楽しめるとあって、スキーやスノーボード客が全国から訪れる。

4月になれば、雪が溶けるのを待ちわびた大地や草木が、一斉に息を吹き返し、村は新たな生命エネルギーに包まれる。圧巻は村内に20本ほど点在するしだれ桜。映画「北の零年」の冒頭シーンを飾った「水中（みずなか）のしだれ桜」をはじめ、樹齢600年と推定される「坪井のしだれ桜」など、それぞれ個性豊かな姿をしたしだれ桜が、短くも、はかなき美しさを競い合うかのように咲き誇る。（2017年11月取材）

長野県
高山村

高山村を世界に羽ばたくワイン産地に

（株）信州たかやまワイナリー　代表取締役 涌井一秋、醸造責任者 鷹野永一

　2016年にオープンした信州たかやまワイナリーの代表取締役を務める涌井一秋さん（写真左端）は、生まれも育ちも高山村。会社勤めをして28年が過ぎた頃、ワイン用ブドウ栽培の話が飛び込んできた。もともとワインをはじめアルコール好き。「自分で育てたぶどうで造ったワインを飲みたい」。そう考えた一秋さんは、妻からの「これからは好きなことをして生きたら」との後押しもあり、「清水の舞台から飛び降りる気持ち」でワイン用ブドウ栽培を始めた。

　ぶどうを作り始めて3年目の2007年、44歳で脱サラして農業に専念。自分たちのワイナリーを作ろうと、生産者ら12人が株主となって資金を出し合い完成したのが信州たかやまワイナリーだ。「ここは昔から美味しいワインブドウが採れていた場所。ワインの美味しさは、8〜9割方ぶどうの美味しさで決まります。12人の生産者が作るぶどうは味わいも異なるので、それをブレンドして複雑な味わいのワインが生まれるのです」

　このワイナリーのプロジェクトに飛び込んだのが、醸造責任者を務める鷹野永一さん（写真右端）だ。山梨生まれで、大学卒業後、ワインなどを手掛ける大手酒造メーカーに就職。ワインの生産現場を希望したものの、最初は情報システムの部署に配属された。「石の上にも3年」の気持ちで7年が過ぎ、30歳になった頃、念願だったワイン造りの現場へ。「とにかく無我夢中で、現場から必要な人間と思われるよう努力しました」と永一さ

んは振り返る。

　30歳から始めたワイン造り。その品質を高めるため、改善に改善を重ね、寝食を忘れるほどワイン造りにのめり込んだ。次第に、会社の先輩であり、ワイン造りのカリスマでもある師匠の教えであった、「日本のワインの存在意義を今後打ち出すためには、世界のワイン産地の地図に載せてもらう必要がある」との思いをどう実現できるか考えるようになる。そのための「ワイン産地づくり」というものに興味を持ち始め、この先、独立も視野に入れて、候補となる産地を見て廻った。北海道まで足を運んだが、ピンと来ず、「感覚的な人間」である永一さんが一歩を踏み出すにいたらなかった。そんな折、1本の電話がかかってくる。「一度、村長に会ってほしい」という高山村役場からだった。

　2013年にワイナリーのプロジェクトが立ち上がった時、検討委員会が結成され、有識者なども募って今後の方向性について議論を重ねてきた。ワイナリーは村を挙げての一大プロジェクト。だがメンバーは栽培一辺倒の生産者ばかりで、醸造できる人間がいなかった。そこで白羽の矢が立ったのが永一さんだった。そして、2015年、全国でも珍しいワイン振興のための特定任期付き職員として村役場に採用された後、信州たかやまワイナリーの醸造責任者に就いた。

　偶然のようでいて、村との出会いは必然でもある。20年前、初めてシャルドネが植えられ、ワイン用ブドウ栽培が始まった頃か

ら、高山村産のぶどうを見てきた。2007年、高山村ワインぶどう研究会がフランスのボルドーへ視察に訪れた際、一行を迎え入れたのも、当時、現地に駐在していた永一さんだ。「振り返ると、要所要所で現在につながるポイントの高い出会いがありました。きっと村に呼ばれていたんでしょうね」。醸造家という、ワイン造りにおいて肝心な最後のピースが埋まることで、ようやくプロジェクトが動き出した。

ワイン産地づくりに必要なのは「良いぶどう、良い造り手、良い飲み手」。高山村のワイン用ブドウは、国内外のワインコンクールでも入賞するなど評価が高く、ブランド化に向けて盛り上がっている。「高山村のぶどうが認められてきたのは大きな励み。やっとスタート地点に立てた気持ちです」と一秋さん。

そして、「良い飲み手」を意識して造られたのがテーブルワインの「Nacho（なっちょ）」。長野県北部の方言で「どう？」というニュアンスの言葉で「今夜一杯、一緒にどう？」。そんな風に人と人がつながり、気軽に楽しんでもらえるワインとして販売された。

「ワイン産地の条件である『良い飲み手』は、ワインをあたたかくも厳しく見守る人のことを言います。高級な価格ではお土産用に買っても自分では飲めない。もっと日常的にワインを楽しむ地域になってくれたらいいな、というのがコンセプトです」と永一さん。

ワインが造られる背景や生産者の思いをわかってほしい、との思いからネット販売などは行わず、東京では虎ノ門にある「カーヴ・ド・リラックス」など、造り手の思いをくんで販売してくれる専門店に限っている。年間10軒、取引先を増やしていきたい計画はあるが、まず高山村に足を運んでもらい、村のことを知ったうえで信頼関係のもと扱ってほしい、という思いがあるからだ。

ワイン産地を形成するうえで必要なインフラの整備にも力を注ぐ。フランスでは当たり前のように行われている、ICTを取り入れた気象観測装置によるぶどう畑の生育調査なども行い、データを活用した先進的な技術研究にも取り組んでいる。

目指すのは「世界に羽ばたくワイン」。ワインの本場であるヨーロッパを目指し、世界の舞台に立つことを目標としている。「まずは多くの人に村を訪れてほしいですね。ここにはワインもあれば温泉もある。ワイナリーも8軒あれば、観光のひとつとしてワイン・ツーリズムを打ち出せます」と一秋さん。「空き家でワインを楽しむ会、という企画も毎月行われていて、秋には『おごっそに乾杯』という、高山村のワインと食を楽しんでもらうイベントも行いました。人と人が触れあうきっかけにワインがあって、ワインを通じて人がつながっていってくれたら」と永一さんは話す。

信州たかやまワイナリー

まずは多くの人に高山村を訪れてほしい。
ここにはワインもあれば温泉もある。ワイ
ナリーも8軒あれば、観光のひとつとして
ワイン・ツーリズムを打ち出せる。

ドメーヌ長谷

環境に共生し、野生酵母にこだわった
ワイン造りを目指している。

角藤農園

シャルドネを主力に、メルロー、カベルネ・ソーヴィ
ニヨン、ピノ・ノワール、シラー、ヴィオニエが栽培
されている。

カンティーナ・リエゾー

イタリア系ぶどう品種などの栽培に取り組まれている家族経営のワイナリー。
将来的にはバルベーラ等の品種を看板ワインに育てていく予定。

佐藤農園

標高830メートルの北斜面にあるワイ
ン畑。「自分が食べたかったから」と始
めた生ハムも人気。

山田牧場 / 奥山田温泉

上信越高原国立公園のなか、笠岳南西麓
の標高1,500mに広がる牧場。冬はパウ
ダースノーが楽しめるウインタースポー
ツリゾート。

「にぎわいの場」創出で村の観光を盛り上げたい

内山信行　高山村長

　前職の気象庁時代は転勤族で、地方を転々としながら家を不在にしてきた負い目があったという内山村長。定年を迎え、「これまでの借りを地域にお返しする」という気持ちもあって、区長、村議を務め、村長選に立候補した。

　村の基幹産業は農業と観光。観光の面では高山村を訪れる観光客の流れをつくり、村での滞在時間を増やしたいという思いがある。内山村長自身が転勤族だった時代、自分が新たに住むことになった地域で、真っ先に行くのは道の駅。地域情報などが集まりやすいという。しかし今、高山村にはそういった施設がない。だから、既存の施設を活用しながら、そこに行けば村の情報が得られる、お土産が買える、多くの人が集えるような「にぎわいの場」を複数作り、周遊してもらえないかと考えているそうだ。

　そして特にその中で重要な場所と考えているのが、標高1,500メートルに位置する山田牧場。このエリアは星空がきれいに見える場所。春は遅い芽吹き、夏は冷涼な牧場風景と北アルプスを遠くに望みキャンプを楽しめて、秋の目覚める紅葉は天下一品。そして、冬はパウダースノーのスキーを楽しむ。青空に映える霧氷と樹霜は内山村長一番のお勧めだ。冬は冷え込みが厳しいので、ダイヤモンドダスト（氷の結晶）が見られるかもしれないという。夜は星空を仰ぎながら、高山村産のワインを飲むのも楽しい。

　ちなみにワインに関しては、内山村長自身に思い出深いエピソードがあるという。20年以上前、山梨の甲府に転勤した時のこと。歓迎会で一升瓶のワインが出され、それを普通のコップで飲んだ。一方同じ頃、甲府近くの一番古いワイナリーで、ぶどう畑を背景にワインを飲んだときには、「こんなに美味しいワインがあったのか！」と大変感激したという。そこで、「ワインを飲むシチュエーションというのはとても大事」と気づいたそうだ。高山村のりんご栽培は歴史が古く、100年以上続いている。転機は、「ふじ」と「つがる」の品種が出て、栽培面積が増えたとき。商品価値を高めるため中身、外見ともに様々な工夫をしてきたが、その一つがパッケージ。捨てるのがもったいなくなるようなデザインを目指して、過去には高級な桐箱や、高山村の地図や地域情報を織り込んだ箱を採用したことも。

　「ここで生まれ育った人々が、進学で一度は村を出たとしても、また戻ってきて子育てをしたいと思ってもらえる、そんな環境づくりをすると共に、そう思ってくれる人を一人でも多く育てたい、と思っています」

　これからもこの高山村を「日本で最も美しい村」としてどう守るか考えた時に、気づいたことがある。美しい村連合に加盟する以前から、住民の皆さんは自発的に道や用水の掃除を心がけ、沿道に花を植えていて、地域にはそういう意識が自然に根付いているということだ。内山村長は「自分自身、そうした地域住民の皆さんに守り、育てていただいている、そんな気がしています」と話してくれた。

小川村
OGAWA
Nagano / Shinshu

おやきが象徴する独立精神

晴れた日には、村内のいたる場所から雄大な北アルプス連峰を望むことができ、ふもとには日本の古き良き里山風景が広がる。絵本の中から飛び出したかのような牧歌的な景観は、訪れた人をどこか懐かしく、ほっと落ち着く「心のふるさと」へと誘ってくれる。「日本で最も美しい村」連合に加盟したのは平成21年。「にほんの里百選」にも選ばれた、北アルプスを一望できる里山風景とおやきの食文化などが地域資源として登録されている。

村の面積の7割が山林で、標高500〜1,000メートルという中山間地域に人々が暮らしを営んできた小川村。米作りに適した平地がないという立地条件から、わずかな斜面を切り開いてそこで麦畑を作ったのが、おやき文化の発祥のきっかけだ。かつて、山の峰まですべて畑だったという1950年代には、人々は背負子（しょいこ）をかついで、山の向こうの畑まで歩いていき、大豆や麦作りに励んだ。初夏になり、黄金色に輝く麦の穂が風に揺れる姿は、今でも村の美しい情景のひとつだ。

おやきを通じた村おこし事業の先駆け的な存在であるのが、「小川の庄」。信州の郷土食おやきを「ふるさとの味」として商品化しようと創業したのが今から30年前のこと。急激な人口減と高齢化、過疎化などの地域課題に直面するなか、「ふるさと再生」「新しい村づくり」を掲げてスタートした。当初は「とても人様にお出しするご馳走ではない」と反対の声もあがったが、「地域の農産物に付加価値をつけ、女性や高齢者が働ける場作りを」というコンセプトのもと、生産から加工、国内外への販売まで精力的に展開。現在、おやきは、村をはじめ、日本を代表するソウルフードにまで成長した。

平成の大合併でも自立することを選んだ小川村。「自分たちの村は自分たちで良くしていこう」という独立精神が昔からあり、コンパクトな村ゆえの意思決定のスピード感、風通しの良さも特徴だ。移住パンフレットをめくると、暮らしと生業を楽しむ女性たちのバイタリティと笑顔がページにあふれ、「この村に一度、行ってみたい」と感じさせる。

この村を選んで引っ越してきた移住組、昔からこの土地に生まれ育ったネイティブ組。新旧の村民たちが入り混じって、さらに良い風と動きが生まれる。通りすがりに「りんご、持っていって」と声をかけてくれる人のあたたかさ。見ず知らずの人間にも優しい気質が小川村の魅力である。（2018年11月取材）

日本海

小川村

長野県

「みんな気づいて！この村の良さ、普通じゃないよ！」

さんさん市場（取材当時）　川又路子

　村の農産物や加工品など、美味しいものが所狭しと並ぶ「さんさん市場」。道の駅おがわに隣接するこちらの店で、地元の女性たちと一緒に、看板娘として店を切り盛りする。

　両親、祖父母ともに小川村生まれ。この村に誇りを持つ親から「ここはいいところだよ」と言われて育った。いったんは就職で東京へ。華やかで他人の目も気にならない、自由きままな暮らし。村へ戻る気は当初、「まったくなかった」。その気持ちに変化が生じたのが今から約10年前。

　「東日本大震災、父親の体調不良など、同時期に複数の懸案事項が重なったのがきっかけです。その時に、『東京ではもうこれ以上学ぶことはない。帰るなら今しかない』と決意しました」

　戻ってきて感じるのは、「村の暮らし」＝「人間らしい暮らし」。他人には無関心で、干渉しない都会とは正反対で、人への気遣いや言葉にもあたたかな「温度」を感じる。

　実家は酪農、米、りんごなどを営む専業農家。仕事の傍ら、父から借り受けた畑で、エゴマを栽培してエゴマオイルを作るなど、自身でも色々挑戦する。

　「ここには、人の良さや、あたたかい思いやりもあれば、都会からすると贅沢な食の豊さもある。何より落ち着いて、自分らしくい

られる場所です」

　東京時代は、街中を歩いている自分の顔が無表情で「怖い」と思ったことも。今となっては笑い話だが、「あの頃は、常に気を張っていないと生きていけなかった」

　都会の友人に村の良さを教えられることも多い。一度、小川村に来ると必ずファンになって「また来たい」と言ってくれる。「みっちゃん家の野菜やお米が美味しい。また食べたい」と言われると「私っていい暮らし、しているかも」と嬉しくなる。そしてみんなには「ここを第二の故郷と思って」と伝えている。

　「小川村から東京までは、新幹線だとほんの数時間なのに、豊かな大自然がある。あたたかな人がいる。都会の人は、時間に追われて疲れているから、ここで、ふっと息を抜いて、リフレッシュ＆リセットしてもらえれば」

　そんな路子さんにとって「美しい小川村で最も美しい場所」は、自宅のある標高600メートルほどから見渡した農村の風景。「晴れた日の朝、アルプスを見た時は、みんな早く起きて！と叫びたいくらい。村の良さに『もっとみんな気づいて』と言いたい。だって、ここの良さは普通じゃないくらいすごいから」

　そんな美しい瞬間を写真に撮っては、頻繁にインスタグラムにアップしている。ここの美しさを伝えたくて。

人と同じ、村も日々地道な手入れを

染野隆嗣　小川村長

　村長は「美しい村」としてのあり方をこう考える。「特別、何か着飾ったり、必要以上に大きく見せる必要はなく、人間だったら、毎日身なりを整えるように、村も、日々、地道な手入れを続けていくことが大事だと思っています」

　村外の人や県外の人が、小川村を訪れた時、ここはよそと違う、さすがは美しい村にふさわしい場所だな、と思ってもらえるよう、地域住民も、行政も、それぞれが意識を高める。「そこに加盟している価値があるのだと思います」と話す。

　以前は草だらけ、手入れのされないまま放置されていた公園も、見違えるように景色が変わった。とは言っても、「毎日、ここに暮らしていると、以前と比べて、綺麗になったことに気づきにくいかもしれませんが、その精神は村に確実に根付いていると思います」

　「おやきの里」として知られる小川村。稲作にむかない土地柄のため、小麦粉、そば粉などの粉物文化が発達した村で、おやきは庶民の日常食だった。染野村長の思い出は、「灰焼きおやき」。「親戚の家に行くと、囲炉裏の灰の中におやきを入れて焼いて、その灰をぱっぱっと払いながら食べてね。灰の中から出されたものを食べろ、と言われてビックリした記憶があります」と懐かしむ。

　村の基幹産業は農業だが、兼業農家がほとんど。かつては養蚕も盛んで、お蚕さんのエサとなる桑畑も広がっていた。「ほんの50年前は、山の峰まで辺り一面、畑が広がっていて人々はカマでひたすら農地を耕していた。今のように北アルプスを美しい景観だと眺める余裕もなかった時代です」

　昭和39年に約9,100人と最盛期を迎えた村の人口は、それ以後、減少の一途をたどり、現在は約2,600人。しかし若いファミリー層など小川村を選んで移住する人々も増え、昨年、県外からの移住者は23人（取材当時）と、「転入の流れ」は確実に強まっていると感じている。

　「移住したい人を受け入れる住居の問題があります。これまでも一戸建ての村営住宅を作ってきましたが、数が追いついていない。この先、住宅対策は力を入れていきたいテーマのひとつです」

　そして、染野村長が一番の課題と感じているのは「村の子どもたちの数の確保」。「小学校を維持するためにも、ひと学年20人は維持していきたい。若い子育て世代を増やしていきたいですね」少子化対策は切実だ。

　結婚支援、子育て支援、起業支援など、小川村で叶えたいことを応援するバックアップ制度も充実している小川村。行政に40年以上関わってきた染野村長の挑戦は始まったばかりだ。

木曽町
KISO
Nagano / Shinshu

地域の有名な財産と無名な財産、
どちらもがここには必要

木曽町には、古くから信仰の対象とされてきた御嶽山、宿場や関所が置かれた中山道の木曽路、伊勢神宮に納められることでも知られる木曽ヒノキ、貴重な日本在来馬である木曽馬と、日本を代表する文化と自然がそろっている。「なんにもないけど、いいところ」と表現されることも多い「日本で最も美しい村」連合の加盟町村にあって、木曽町はずいぶん、さまざまな資源に恵まれた町だ。合併したため、規模も大きい。それらが、"美しい村" であることを、難しくすることもあるだろうと想像する。

木曽町で、「"美しい村"とは哲学だ」と言った人がいた。この町は、その具現化こそを目指すのだと。地域おこしの柱として掲げる、ヘルスツーリズムにも、スローフードにも、通底するのはそれだとわかる。当たり前のようにあったものの価値に気づくのがむずかしいのは世の常。合併後の町が一枚岩となって頑張るというのもまた、むずかしいに違いない。まだまだ課題が多いという町の取り組みに、Iターン、Uターンの人たちが加わって、共に知恵をしぼり、汗をかく木曽町。取材した日には、崖屋造りの家々が並ぶ木曽川で、川遊びする親子を見た。絵に描いたかのような日本の夏休みの情景も、手が届きそうな山の、四季の表情も、地元の人にとっては、特別なものではないかもしれない。だけどそれらは、ここに訪れる人のこころを、きっと豊かにするものだろうと思う。世界遺産や、文化財のお墨付きがなくても、観光名所でなくても、美しい場所、ものはたくさんある。木曽町でも、たくさん出会える。昔から受け継がれてきた有名な財産と、

隙間にあるような無名の財産と、どちらをも持つ "美しい村" 木曽町の、美しさへの挑戦は、「日本で最も美しい村」連合の挑戦そのものではないだろうか。
（2015 年 8 月取材）

長野県

木曽町

在来馬に恋して、木曽馬のいる風景に魅せられて

地域おこし協力隊「木曽馬の里」勤務（取材当時）　坂下由衣

馬といえばサラブレッドを思い浮かべる日本人も、木曽馬のちょっとずんぐりした姿には、どこか親しみがわくはず。おとなしく健強な木曽馬は、この場所で農耕馬として大切にされてきた。軍馬として大型化をはかる政策と、家畜用途の減少によって、一時は絶滅寸前まで頭数が減少したが、保存活動によって徐々に増加。現在は全国で150頭弱が飼育されており、そのうち約45頭が木曽町にいる。

在来馬が好きで好きで、木曽馬に携わることのできる地域おこし協力隊の仕事に就いた由衣さん。愛知県出身で、名古屋での大学時代、「和式馬術部」という珍しい部に入り、馬と接点を持ったのがそもそものきっかけ。「もともと動物が好きだったのと、日本の伝統にも興味があったので、一石二鳥で面白そうだと思ったんです」と話す。

その部活の合宿で、今勤務する「木曽馬の里」に訪れ、木曽馬と出会った。それきり木曽馬に夢中になった由衣さんは、大学4年になる前に1年間休学し、全国の在来馬巡りを始め、その後大学院に進む。しかし、いよいよ就職活動の時期にさしかかると、「馬に関わりたい」という気持ちが膨らむ一方、それが叶う就職先は見つからず、仕事にするには難しい世界だと実感した。結局、馬とは関係のないコンサルティング会社に入社し、馬への思いは吹っ切ったつもりだった。

ところが入社して半年経った頃、週末たまたま木曽馬の里に遊びに来たときのこと。由衣さんも驚いたことに、「求人の知らせがあったんです！それまで会社を辞めたいと思っていたわけでもなかったけど、翌日の月曜にはもう、上司に「辞めます！」って言っていました」

その後応募して無事に受かり、地域おこし協力隊として現在に至る。これまで1年半あまり（取材時）、毎日木曽馬と一緒。「お客さんをはじめとする人とも、馬とも、まだまだコミュニケーションは一人前とは言えませんが、ここでの仕事にはとてもやりがいを感じています。馬のかわいさ、乗る楽しさ、そしてそれ以上の魅力を知ってもらいたいです。目の合わせ方ひとつ、触り方ひとつ、馬はその人のことをよく見ています」。取材中の由衣さんは、馬のいる素晴らしい環境に身を置くことができてとても幸せそうだった。

そんな由衣さんがいる木曽馬の里は、馬とゆっくりいろんな接し方を体験できる場所。高原に位置しているため、夏はもちろん、マイナス17℃、18℃にもなるという厳しい冬

も、冬ならではの楽しみ方があっておすすめだそう。冬の時期、馬たちはモコモコとした冬毛になり、人間の微熱くらいの馬の体温が、じんわりぬくもりとして伝わる。

「木曽馬」の魅力は？と聞くと、「いろいろあるんですけど……（笑）、中型馬なので、大きすぎず小さすぎず、日本人にしっくりくると思います。それに、この地域に根ざした馬であるという点が大きいです」と答えてくれた。木曽では、馬と一緒に暮らしていた頃の記憶が、地域に残っている。お年寄りと話すと、子どもの頃は学校に行く前に馬と山に行き、飼い葉になる草をとったと教えてくれる。当時は、その草を馬に乗せて帰るのが子どもの仕事。由衣さんは、馬はもちろんのこと、人と馬がどのように関わってきたのか、文化的な背景にも興味を持つ。「おじいちゃんおばあちゃんから、馬にまつわる色々なお話を聞くのが大好きです」。木曽ならではの体験だ。

実際、由衣さん宅の近くには、今も木曽馬を飼っているおじいちゃんがいるという。そこで、昔ながらの馬との生活を垣間見ることもできる。おじいちゃんは、夏は河原に柵をつくって馬を放し、冬は家と一体になった厩（うまや）で飼い、畑には馬糞堆肥を使う。由衣さんに

とっては、「夢のような暮らしです」

馬をとても大事にしているおじいちゃんの姿を見て、「おじいちゃんにとって馬はどんな存在なのか」と聞いてみたことがあるそうだ。そこで返ってきた言葉は、「うーん、若いねえちゃんみたいな感じかな」。思わず拍子抜けしてしまう返事だったが、おじいちゃんと接していると、効率重視の世の中にあって、馬と共にある手間ひまかけた暮らしに、日々感動させられる。

手間ひまかけた暮らしといえば、由衣さんいわく木曽の人にすごく感じるのが、地域のつながりと、景観への気持ちの強さ。「自分たちの地域をきれいにしないと恥ずかしい」という意識が、自然とある。これも、経済とか効率とかいうものとは別の価値観だ。

たとえば野焼きのとき、「ずく（信州の方言で、「面倒なことへのやる気」のようなニュアンス）を出して頑張るぞ！」とみんなで声を掛け合う。「そういう場面を見ると、すごいなぁって、尊敬します。馬をきっかけに木曽に来ることができて良かったです。もちろん馬には、この先もずっとかかわってゆきたいです」と話してくれた。

美しいと感じる感性の豊かさを持つ人が暮らすのが、本当の"美しい村"

おんたけ有機合同会社　松井淳一

　地元の高校を出て群馬大学に進学し、卒業後は外資系の製薬会社に就職するため上京した淳一さん。もともとずっと東京にいる予定はなく、45歳で木曽に戻るつもりだったが、35歳のときにお母様の具合が悪くなり、10年早くUターンすることになったという。Uターン後はお父様を継いで塗装屋になるつもりだったが、「将来性がないからダメだ」と言われ、同郷の奥様と一緒にペンションを始めることになった。

　そのペンションがとても魅力的。多いときは9割以上が地元の食材で、季節折々の野菜や山菜、ほかにも蕎麦の里である木曽ならではの、淳一さんが打った蕎麦もあり、文字通り地産地消を実現している。「えびの天ぷらや、まぐろの刺身を出すのは絶対にいやなの。ここでだから食べられるものに価値があると僕は思います」と話す。淳一さんは、観光業としても、なにより文化としても、食を大事にする。淳一さんたちが子どもの頃食べていた豊かな食文化がなくなりつつあるからだ。そこで、「文化や風土に根ざした味を残したい」という思いから、スローフードの促進や、農業の6次化（生産、加工、販売などに総合的に関わり相乗効果を創出すること。1次産業×2次産業×3次産業＝6次産業）を推進する組織もつくった。

　「地元愛」という言葉があるが、淳一さんは「地元に毎日毎日感動している」という。山に漂う山の香りをかぎ、高原でできるとうもろこしの甘さに驚き、星空はどこよりもきれいで、住んでて良かったと日々感じている。一方で、その資源があったとしても全員がそう感じるわけではない。「結局、受け止める人の心持ち次第。そしてそういう、人の心こそがなにより重要」。それを象徴するエピソードとして、以前淳一さんたちのペンションに長期滞在していたアメリカ人大学生達の話をしてくれた。「彼らが、5キロほどの道のりを歩いて帰って来たことがあったんです。そのときに「アメリカは広いし、歩けど歩けど同じ景色。ここは違う。表情が変化に富んでいて、本当に美しい」と。はっとさせられました」。木曽には、異なる文化圏の人にも通用する、普遍的な美しさがあると気づかされたという。そして同時に、彼らの感性に胸を打たれた。

　木曽には御嶽山という日本を代表する霊峰があり、豊かな水があり、歴史を感じさせる街並みがあり、伝統工芸があり、大切な財産がある。しかし実際は、それらがあることより、その価値を感じられる人がいることのほうが、さらに大切。「美しいものを美しいと感じる豊かな人が暮らす場所が、本当の"美しい村"ではないですか。そんな"美しい村"では自ずと、守られるべきものが守られるはずなんです。輝く地域であるための"美しい村"づくりは、僕のライフワークです」

大鹿村
OOSHIKA
Nagano / Shinshu

山奥にある村の、おもてなし精神

細く曲がりくねった山あいの道を、小渋川の流れに沿って奥へ奥へと進む。迫りくる3,000メートル級の山々に目を奪われていると、家がぽつぽつと現れ、村人たちの生活の気配が見えてきた。

大鹿村は、日本列島を縦断する大断層「中央構造線」が村の中心を貫き、村全体が「地質の博物館」と言われるほど特殊な地形を持つ。山奥という立地から、独特の文化が育まれ、それらは大きく形を変えずに今なお息づいている。

古くから大鹿村の人たちは、先祖代々にわたり伝えられてきたものを大切に守り抜いてきた。自然景観はもちろん、300年の伝統を持つ「大鹿歌舞伎」や鎌倉時代に建立され、時の権力者が譲渡を求めるも村人の反対によってこの地に残された「福徳寺」もそう。受け継がれたものを粛々と守り、後世につなげるという頑固なまでに一貫した気風。それこそが今の大鹿村をつくっている。

歴史を紐解けば、この村を訪れた人の多くは、自然や山々の風景だけでなく、村人の人情豊かな気質に心を奪われたそうだ。日本アルプスを世界に紹介し、日本に登山を広めた英国人宣教師のウォルター・ウェストンもその一人。明治25年、赤石岳登頂のために来村したウェストンは、素朴で温かな村人のもてなしに深く感銘を受け、そのことを著書『日本アルプス登山と探検』(岩波文庫)の中で称賛を持って記している。大切なものを守り、おもてなしの心で人々に接する。損得感情のない村人の精神性は、美しい大鹿村の根底を成すと言えよう。それを象徴するかのように、村内の街道沿いは多くの花々で彩られ、手間ひまをいとわず、訪れる人を楽しませようという村人の思いにあふれていた。

人が生きる上で大切なものは何だろう。大鹿村の人たちにとっては、「守りたいものがあること」ではないか。自らも自然の一部であることをわきまえた楚々とした営み。経済を優先する社会に屈することなく、「この村で生きる」という強い意志。時代が変わっても、大鹿村がずっとあり続けられるように。そんな共通の思いが、それぞれの足元を美しく形づくっている。
(2014年5月取材)

長野県

大鹿村

村人の思いが結集する歌舞伎という娯楽

大鹿歌舞伎

　山々の緑に囲まれて、境内に敷かれたゴザに座り、ご馳走を食べ、酒を酌み交わしながら芝居を楽しむ。毎年5月と10月に村内で行われる大鹿歌舞伎の定期公演では、そんな古くからの観劇スタイルがそのままに残っている。その二日間は村外から約1,000人が訪れ、村の人口は二倍になる。観客は朝8時の開場を前に列をなし、持参した座布団で好きな場所を確保。その後は12時の開演まで、飲んだり食べたり、思い思いの時間を過ごす。開演前になると、ゴザは足の踏み場もないほどの観客で埋め尽くされていた。

　今年の春公演は、母と娘の涙を誘う物語「傾城阿波の鳴門　巡礼歌の段」と、平安時代に生きた菅原道真と息子の秀才に関わる、歌舞伎三大作の一つ「菅原伝授手習鑑　寺子屋の段」の二本立て。幕が開き、役者が登場すると、親しみを込めた掛け声が次々と飛び交った。役者たちが喜怒哀楽を身体全体で表現すれば、観客はそれに応え、泣くときはともに悲しみ、笑うときは大声で笑う。ここでは観客も歌舞伎の舞台を一緒に盛り上げるのだ。そして、見せ場では小銭を紙で包んだおひねりを投げる。それは桜吹雪が舞うかのように、舞台を美しく彩っていた。

　江戸時代から300年にわたって伝承されてきた大鹿歌舞伎は、その隔絶された立地ゆえに他の影響を受けることが少なく、基本的な動作は昔のままの姿を忠実に守り通してきた。演じる役者はみな村人で、普段は農業を営む人や役場職員など職業はさまざま。近所のおじさんがこの日ばかりは厚塗りの化粧を施し、舞台で堂々と立ち振る舞う。そんな非日常が大鹿村では生活の一部になっている。

　幕末から明治にかけて、村内には神社やお堂の境内13カ所に芝居専用の舞台があった。現存しているのは7つ。どれも本格的な造りで、回り舞台はもちろん、花道もあり、二層になった太夫の席もある。村人たちは食を切り詰めてまで、歌舞伎のための舞台を建立してきたという。これらの舞台には、村人の歌舞伎にかけた並々ならぬエネルギーが受け継がれている。

　江戸から明治にかけては、「農民は贅沢をすることなかれ」と幾度も禁じられながらも、村人たちは執念で上演を続けてきたそうだ。そんな苦難を乗り越え、いつしか歌舞伎は村人を結ぶ絆となっていく。舞台となれば、義太夫、下座、役者だけでなく、裏方、大工方、衣装、化粧方といった関わるすべての人々が一体となってのぞむ。そうした村人たちの結びつきの強さに、見る者は心を奪われるのだ。

　村の高齢化率が約50％という現状にありながら、役者の中には20代、30代の若手も少なからず見られた。村では小学4年生になると全員が歌舞伎を体験。中学校では全校をあげて総合の時間に歌舞伎を学び、年に一度の公演を行っている。こうした取り組みによって、子どもの頃から村への誇りが芽生え、一度都会へ出たものの村に戻り、歌舞伎を志

す若い世代が増えているという。価値観が多
様化する中で、大鹿歌舞伎を守り続けるため
に知恵を絞り、地道に継続の道を探ってきた
結果と言えよう。

　また若手役者の一人からこんなことを聞い
た。「村人にとって、歌舞伎は伝統というよ
り最大の娯楽。みんな好きでやっているから
楽しくてしょうがない」と。伝統と言うと、
ある種の義務感を伴うことも否定できない。
だが、大鹿歌舞伎はもともと自然の中で果敢
に生きる村人が、唯一没頭できる娯楽だった。
その根幹は今も変わることなく、今も村人の
楽しみであり続けている。だからこそ、ここ
まで長く受け継がれてきたのだろう。

　終演後、ふと目に留まった光景がある。観
客の一部が、村人たちに混じって会場の片付
けを手伝い始めたのだ。大鹿歌舞伎には、世
代や村を超えて人々の心を一つにする力があ
る。最後に、そのことを再確認した。

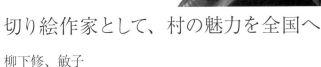

切り絵作家として、村の魅力を全国へ

柳下修、敏子

「ここに来て、本当によかった。東京の人たちには悪いね」

　敏子さんは、話の途中で何度もそう言って笑いを誘う。柳下さん夫婦は、昭和62年に東京から移住した。若い頃はともに劇団に所属し、演劇に没頭。その後、二人で小さな町工場を始めた。休日に各地を旅することが楽しみだった二人は、偶然訪れた大鹿村の迫力ある自然と穏やかな村人たちに惹かれ、毎年季節ごとに訪れるようになる。そのうちに、大鹿村を多くの人に紹介したいと、町工場をやめて居酒屋を開業。そして村に通い始めて13年目に、とうとう住み着いてしまった。

　敏子さんは村の観光案内所で働き、修さんは伊那谷の四季折々の風景や民俗芸能を切り絵で描いてきた。毎日二人で観光案内所に出勤し、修さんは奥の机で切り絵に打ち込み、敏子さんは来訪者の世話を行う。明るく楽しい柳下さん夫婦に魅せられ、多くのリピーターが生まれたという。

　「暮らしていてすべてが幸せ。これって一点は挙げられない。要するに幸せなんよ」と敏子さん。20年にわたり、村の顔として働いたが、平成18年に退職。一方、修さんは81才にしてまだまだ現役の切り絵作家として、制作を続けている。今は夫婦でのんびりと暮らしながら、全国各地で村のPRを兼ねて切り絵の個展を行う日々。大鹿村の魅力を村人以上に熟知している二人は、これからも二人三脚で村のよさを伝えていく。

あるものをいかし、100年先を見つめる

旅舎 右馬允（うまのじょう）　前島正介、久美

　急勾配の道を登っていくと、格式高い大きな屋敷が見える。村の中心部を見下ろす山の中腹にある「旅舎 右馬允」。1日に2組しか予約を取らないことから、幻の宿と呼ばれている。前島正介さんは、生まれ育った村で暮らすため、戦前まで造り酒屋をしていたという先祖代々の家を使って、旅館を始めた。33歳の時のことだ。

　「旅館をやろうと思ったのは、この村に暮らしながら、歴史ある家屋敷を守るため。家族や親戚には、山奥で旅館をやっても食べていけるわけがないと反対されましたけどね」

　大学進学を機に上京するも、次第に村の生活への思いが募る。卒業後はすぐ村に戻り、旅館開業の資金を稼ごうと、隣町の建設会社で測量の仕事に勤しんだ。5年働いた後、28才で名古屋の調理師学校へ。夜は料理屋で板前として働く。その1年後、再び村に戻り、準備を本格的に進め、昭和56年に開業。同時に結婚し、夫婦二人三脚でやってきた。

　「何もないことがいいことだと見直される時代がきっとくる。そう思っていました」

　正介さんは、開業前から時代の先を見越していたのだ。旅館が軌道に乗るまでは、測量の仕事を掛け持ちしながら生計を立てた。

　「翌日に予約がある時は、山で測量の仕事をしながら、春は山菜を摘み、秋はキノコを探したり。測量しながら食材集めもできて、一石二鳥でしたね」

　料理は正介さんが一人で行っていたが、ソムリエ、料理人としてそれぞれ都内のフランス料理店で腕を磨いた、長男と次男が数年前に帰郷。今では、3人で力を合わせて調理場を切り盛りする。またニューヨークでダンスの勉強をしていた長女の久美さんも8年前に戻り、ヨガの講師をしながら、旅館でサービスを担当する。「子どもたちがみんな帰って来て、やっぱりうれしい。まあ、喧嘩もありますけどね」と正介さん。一度はそれぞれの道に巣立つも、また故郷に戻り、身につけた技や知識を家業に活かす。ここには古き良き家族経営の形がある。

　冬季は寒さや積雪のイメージからか、客足は遠のくが、「私たちにとっては、冬の空白の期間はすごくありがたい」と話す。それは、冬に一旦原点に戻ることで、春には気持ちを新たにスタートできるから。客人を迎えるにあたっては、常に新鮮な心持ちを保つことが

大切なのだ。

「すべては気持ちでしょう。気持ちが伝わらないとお客さんは来てくれませんから」

季節の地のものをたしかな腕で調理した、滋味深き料理はもちろん、前島家の客人を厚くもてなす心意気は、訪れる人々の心をしっかりと掴んでいる。

一方、長女の久美さんは、代々受け継がれてきたこの場所を拠点として、大鹿村の今を広く伝えようと、さまざまな取り組みを行っている。規格外や人手不足ゆえ、畑に放置されている野菜を都会の人たちに届ける仕組みをつくったり、要望があれば、畑の見学会や農作業体験をコーディネートしたり。平成12年には村内を中心とした仲間とともに、村のこれからを考え、行動する「大鹿の100年先を育む会」を立ち上げた。この村で育まれた風土や歴史、文化を尊重して、100年先もこの風景を残していきたい。会の名称にはそんな思いが込められている。

「これからの村のことについて同世代の人たちと話してみると、トンネルが村内を貫通するリニア新幹線の問題など、何かしら不安を抱えている人が多かった。ならば、自分たちで村を守るために、動いてみようと思ったんです。リニアだけを問題視するのではなく、もっと広い視野で、自分たちがこの村でどんなふうに生活していきたいのかをじっくり考えていく。そのための活動をめざしています」

その一つとして、豊富な自然が残る大鹿村の植生調査に力を注ぎ、定期的に山に入っては、そこにある植物の記録を続けている。正介さんは、「温暖化が進んで、子どもの頃はいなかったツクツクボウシやクマゼミが生息するようになり、昔は美しく保たれていた田畑も、高齢化して荒れたところが増えてきた」ともらしていた。直面している変化に向き合い、今あるものをどう捉えていくのか。久美さんは山を歩きながら、その答えを探し続けている。

大鹿村は、長く大切にされてきた幾多の本物が残る村だ。「旅舎 右馬允」もその一つであろう。「経験を通して感じたことを大切にして、本物を伝えられる人になりたい」という久美さん。ここで生まれたからこそ見るべきものがあり、できることがある。「家を守りたい」という正介さんの思いは受け継がれ、たしかな広がりを見せている。

©Photo: 松本亜希子

中川村
NAKAGAWA
Nagano / Shinshu

山の麓に暮らす日々にある持続可能な取り組み

長野県南部、日本有数の雄大な山々に囲まれた人口4,818人（令和2年末）の村。名だたる観光資源もない清閑な山あいの村に、豊かな感性を持つ人たちが次々と移り住んでいる。ここに一体何があるというのだろう。なぜこの村を選ぶのか。村人の多くは、首をかしげる。自然や風景だけでない、目には見えない吸引力の源とは一。中川村の美しさを探る、新たな旅のはじまり。

中央自動車道を降りて、見晴らしのよい国道をひた走る。駒ヶ根市、飯島町を抜けると、中川村に辿り着く。村を囲むようにそびえる中央アルプスと南アルプスは、わずかな残雪をたたえ、今しか出会えない表情で私たちを迎えてくれた。

中川村という名の通り、村の中央には天竜川が屈曲蛇行しながら流れ、ゆるやかな河岸段丘の地形が広がっている。村のランドマークといわれるのが、標高1,445メートルの陣馬型山だ。山頂まで登ると、人の営みを感じる伊那谷の絶景が眼下に広がり、伊那谷随一の景観を一望できる。

中川村は気候が温暖で、どんな農作物でも育ちがいいという恵まれた土地。つつましくも豊かな暮らしが、村の人たちの人間性にも表れているのだろうか。ここで出会う人はみな、人あたりがよく、おおらかで、どこか謙虚さを持ち合わせている。

分けへだてのない村の気風は、村外の新しい人や考え方を柔軟に受け入れてきた。曽我逸郎村長もその一人。平成17年の初当選を機に、家族で中川村に居を移し、政府に頼らない、自立した美しい村づくりを先頭を切って実践してきた。

村の人たちに中川村の特徴をたずねると、決まって「中途半端なところかな」というひかえめな答えが返ってくる。"上伊那郡の南端という立地"に加え、"山あいに位置しながらも、大型スーパーやカフェなどが点在する田舎過ぎないところ"というのがその理由だという。でも、誰一人としてそのことを憂いてはいない。逆に、居心地のよさを感じているのが口ぶりからわかる。なるほど、中途半端は"ちょうどいい"の裏返しなのかもしれない。ここでなら、誰もが自分を大きく見せることなく、ありのままで生きられる、そんな気がした。（2014年5月取材、2020年8月取材）

長野県

中川村

長く続ければいいことあるね

古民家「ホンムネくん」　米山永子

　築160年の本棟造りの古民家をどうにか残したい——一途な思いは多くの人の心を動かし、壊されそうだった家は"人がつながる場"に育った。

　「おかげさまでなんとか無事に残っています」と言いながら、私たちを明るく出迎えてくれた永子さん。その表情はどこか誇らしげに見えた。築160年という長い歴史を刻んできたこの家で、永子さんは生まれ育った。ゆるやかな勾配の大きな屋根が特徴で、本棟造りと呼ばれる信州独特の形式だ。

　「暗くて、寒くて、何より古い。子どもの頃はこの家が大っ嫌いでした」

　ところが、大学時代に遊びに来た友人が家をほめてくれたことで、意識が少しずつ変わり始める。今はここに一人で暮らしながら、食や手仕事を楽しむイベントを通して、人がつながる場を提供している。そこにあるのは「この家を美しい農村風景とともに残したい」という思いだ。

　この家に人が集まるようになったきっかけは、"味噌づくり"だった。やりたいことが見つからないまま、5年間勤めた会社を辞め、実家の果樹園を継ごうとするも、半年で行き詰まる。そんな時、友人が誘ってくれた味噌づくり教室に参加し、完成した味噌のおいしさに感動した。「またやりたい」という気持ちが湧き立ち、友人10人に声を掛けると、全員がこの家に集まった。一人でやると大変な作業も、大勢でやると楽しい。その後どんどん輪が広がり、ついには「みそ部」を発足する。今や部員数は幽霊部員も含めると、全国各地に約100人。ようやく心からやりたいことに出会えた永子さんは、「ここをみんなで楽しむ場所にしよう」と思い立ったという。

　そんな前向きな思いで動き出したのも束の間、トイレにシロアリが発生する。駆除業者の見積もり金額は66万円。お金や労力をかけてまでこの家を守ることに、両親は大反対した。夜も眠れないほど悩んでいた時、永子さんの思いを知る友人たちが「一緒にできるところまでやってみよう」と集まってくれた。「一人で10のことができるようになりたかったけど、それを諦めたら、思った以上のことが叶って、友達も一気に増えました。一人でできなくてもいいんだ、と思うと心が軽くなりましたね」

　幸いにもシロアリ被害は最小限で済んだ。そして、この家は集まった仲間によって「ホンムネくん」と名付けられ、再出発を果たす。まさにピンチがチャンスとなった。

　「反対していた両親も今では黙って見守ってくれています。母も『長く続ければいいことあるね』と。周りに甘えられる部分は甘えさせてもらって、これからは両親と一緒にできることも考えていきたいな」

　そう言うと、永子さんは子どものような笑顔を見せた。

人生をかけて、蜂と喜怒哀楽を分かち合う

養蜂家　富永朝和

　軽トラを運転し、村内に点在するニホンミツバチの巣をパトロール。75才にしてまだまだ現役。朝和さんの蜂人生の始まりは小学3年生の頃、父親の蜂追いについて行ったことがきっかけだった。目印となる綿をつけたカエルの肉を餌に、クロスズメバチをおびき寄せ、その後を追いかけて巣を探し出す。

「巣を見つけたときは、もううれしくて。お父さんのところに飛んでいって、『見つけたよ！』と言ったらほめてくれてね。その感動はやみつきになった」

　そのうちに蜂がどんどんおもしろくなり、蜂の世界の奥深さにのめり込んだ。

「家族も何もかもほったらかし。稼いだお金は全部蜂につぎ込んで、家族には銭をやらんの。26才の頃に、いよいよ親戚中が怒っちまって、親戚会議が開かれちゃってな。遠方の親戚もみんな来て、ひと晩中怒られた、怒られた。あれだけは今でも忘れんなあ。でも、怒っても無理ねえんだよな」

　でも、朝和さんはここでめげなかった。

「翌朝にはみんな帰っちゃう。そうすりゃあこっちのもんよ。怒られたのはそっちのけで、すぐに蜂の巣を探しに行ってね。お母ちゃんも怒りようがねえな。蜂と同じで飛んで行っちゃうんだもん」

　若かりし頃と変わらない情熱で蜂と向き合い続ける朝和さんは、今も家族に怒られることはしょっちゅうだ。

「いいかげん年を考えてやれと。心配するのも無理はない。でもそれを無視しとるの」

　少々のことには動じない、持って生まれた肝っ玉の太さがある。

　蜂の習性を知り尽くした朝和さんは、蜂の世界の常識では考えられないことを次々と成し遂げてきた。普通は一つの巣には一匹の女王蜂が君臨し、二匹以上が共同生活することはできない。ところが、29匹の女王蜂の共同作業により、世界最長のハチの巣を作らせ、その後は114匹の女王蜂による世界最巨の巣づくりに成功。その表面に"ハチ"という文字まで描かせた。

「全国の学者たちはそんな馬鹿なことは絶対できないって。でも実際にできとるから、みんなびっくりしちまった」

　生物学的に起こり得ないことが可能になるのは、「蜂と会話ができるから」という。会話とはいえ、言葉を交わすわけではない。蜂は喜怒哀楽を動作で示し、怒っているのか、ご機嫌なのかは羽音でわかるそうだ。

「蜂と向き合う時は、一つひとつの動作が大切。蜂の顔に指先や顔を近づけて、怒らせないように話をするの。普通の人が同じことをやれば、すぐにぽこぽこにされるけどね。おっかないという気持ちがあると、だめなんだよ。わずかなことでも蜂はわかる」

　蜂に人生を捧げる朝和さんが、特に力を注いできたのがニホンミツバチの養蜂だ。商業的な養蜂で用いられるのは、人間が扱いやすく、集める蜜の量が多いセイヨウミツバチがほとんど。一方、ニホンミツバチは自分たちで生きていける力を持ち、人に何かをされることは大嫌い。「下手に世話をすると、勝手なことするなと怒っちまう。自分でもっといい環境見つけてそっちでやるからってね」という。それだけに飼育は難しいが、日本の気候に適応し、気性がおとなしく、病気にかかりにくいなど、そのよさが見直されている。集める蜜の量は少ないが、その栄養価はセイヨウミツバチと比べてはるかに高い。

　長年の研究により培われた養蜂技術は、高く評価され、その道の第一人者として、ニホンミツバチの養蜂に関する法律の策定にあたり、国会に呼ばれたこともある。

　「おれの話を参考にして法律をつくるってことで、100人くらいの議員さんの前で、堂々としゃべらせてくれた。本当にありがたいねえ。死ぬ前のお土産みたいなもんだ」

　平成13年には、その技術を次の世代に伝えようと「信州ニホンミツバチの会」を設立する。「大病を患って入院して、助かるかどうかわからんというときに、ここで死んだら今までやってきた技術が絶えるのかなあと。もし退院できたら、すぐに会を立ち上げて、技術を全国の人に教えてあげたいと思った」と話す。今では北海道から沖縄まで全国に約1,300人の会員を持つ大所帯となった。

　そんな朝和さんには一つの夢がある。それは、中川村にニホンミツバチの観光拠点をつくることだ。

　「山の中にニホンミツバチのすべてがわかる大きな基地をつくりたい。この村に人が集まるような観光地をね。おれは中川村にはどうしてもこだわっちゃうんだよ」

　そこにあるのは、美しく豊かな自然が残るこの村への感謝の思い。蜂をこよなく愛する朝和さんは、生まれ育った村もまた、人一倍愛していた。

中央自動車道 駒ヶ根 I.C へ

飯島駅

伊那本郷駅

153 ROUTE

陣馬形山 (1,445m)

折草峠

イチゴ狩り園

basecamp COFFEE

アンフォルメル
中川村美術館

ガソリンスタンド

坂戸橋

クラインガルテン

こねり

米澤酒造
(今錦)

きりこ

ガソリンスタンド

望岳荘

診療所

西小学校

中川郵便局

東小学校

みなかた保育園

四徳温泉
オートキャンプ場

片桐保育園

中川村役場

大草城址公園

タイ家庭料理
アゲイン

ピッツェリアクァトロモーリ

図書館

コンビニ

アドゥマン

歯科医院

中川中学校

いさわ

田島郵便局

いげた屋

信州伊那谷
キャンパーズヴィレッジ

ガソリンスタンド

カフェレストペリカン

ショッピングセンター
チャオ

ぶどう園

コンビニ

診療所

喜多方らーめん
めんまる中川店

四徳温泉キャンプ場
KUWABARA CAMP

山のパン屋さん

地鶏屋 一志

ラーメンまた旅

天竜川

富永農園

吉笑楽

小渋湖

中央自動車道 松川 I.C へ

美しい村には生きている文化がある

イエルカ・ワイン、関 悦子

「日本の田舎には生活の知恵が残っている。まだ日本は希望があるね」。チェコ出身のイエルカさんは、妻の悦子さんと伊那谷に暮らして30年。二人が何より大切にしてきたのは、自分たちの手でつくる暮らし。そんな生き方は、まぶしいほどに美しく、力強い。

二人の家は、中川村の中心部から車で20分ほどの小さな集落にある。30年前に大鹿村に移住し、その10年後にこの場所に移った。江戸時代の末期に建てられた古い民家を手直ししながら暮らしている。畑を耕し、無農薬で野菜を育て、自作の薪ストーブでピザを焼き、自ら土をこねてつくった食器に盛りつける。ただ、何でもつくればいいというわけではない。肝心なのは、そこに美しさがあるかどうかだ。

イエルカさんが薪ストーブづくりを始めたのは、自分で育てたライ麦でパンを焼きたくなったから。大鹿村に住んで2年目のことだ。熱効率や空気の流れなどを研究し、3年で今の形が生まれた。オーブン付きで、パンはもちろん、ピザやラザニアもおいしく焼ける。「日本の侘び寂びの世界観に合う、素材を活かしたストーブをつくりたかった」と話すイエルカさん。鉄板を溶接してつくるストーブは、飾りのない美しさとその機能性が評判となり、北海道から九州まで、全国各地にお嫁に行ったという。「日本中で私のストーブは燃えてるね。すごくうれしい」と声が弾む。

悦子さんは、ヤギの毛を織って敷物をつくることを生業としている。28才で織物の世界に入り、31才の時にこの敷物に出会う。「これがやりたい」と強く思い、ひたすらに織り続けて36年になる。

「やっぱりシンプルに素材が活かすことが一番。そう、食べものと同じね。アスパラをいい塩加減でさっと湯がいて、ソースをちょっとだけ付けるっていう」と悦子さん。

自然の色味が調和した悦子さんの敷物は、一枚の水彩画のようで見飽きることがない。「美しいものは心の栄養になるから」という悦子さんの言葉が重なって見えた。

チェコで生まれ育ったイエルカさんは、「プラハの春」と呼ばれる革命運動が起こった1968年、24才で故郷を出て、絵画を学びにフランスに赴いた。ソ連軍の侵攻で祖国に帰れなくなるが、代わりに世界を見ようと、インド、米国と15年におよぶ旅を重ねた。インディアンの居留区であるニューメキシコに渡った時に、日本の詩人、ナナオサカキに出会う。日本に戻ったナナオさんからの誘いで、40才の頃、初めて訪日した。日本中を巡る中、京都の喫茶店でたまたま共通の友人を通じて知り合ったのが悦子さんだった。イエルカさんは旅の途中にインドで手紡ぎを学び、米国の大学で織物を教えていたことがある。その

当時、悦子さんも同じ米国の町で織りの修業をしていたというから、偶然とは思えない結びつきを感じる。「彼女の織物を見たとき、私もやりたいと思った」という。

二人はほどなく結婚。新しい命を授かり、長く暮らせる場所として、ここ伊那谷を選んだ。それほどに、長野の自然の美しさは忘れられないものだった。「日本の自然はデリケートな豊かさがある。植物の種類は数えきれないくらい豊富で、山肌の緑色も少しずつ違う。そういう自然は世界でもあまりない。初めて見た時、ここにしばらく居たいなと思った。ちょっと遊びに来たつもりが、もう30年になるね」と笑う。

「中川村にはスペシャルなものはないけど、それがいい。自分の手で必要なものをつくっていれば、それがいい人を呼ぶね。この村がおもしろいのは、村長がシャレてるところ。"ガバメントを信じないで、自分で考えて"と言っていたのを聞いてすばらしいと思った。自分の考えを持つのは大事なこと」

取材時の前年、悦子さんは集落の総代を務めた。歴代で女性は初めてのことだ。「悦子は地域の縁をすごく大事に育てている。私は悦子のおかげでここに生きてる」というイエルカさん。美しさというのは目に見えるものだけではない。二人の中川村での暮らしにふれて、そのことを強く感じた。

美しい村を美しいままに引き継いでいく

曽我逸郎　前 中川村長

　たまたま中川村へ来て、偶然この村の村長になりました。みんな偶然ですよ。はずみで世の中は回っていますから。

　関西で会社勤めをしていた頃から、田舎暮らしがしたいと思って最初は冗談半分の冷やかしで古民家をあちこち見て回っていました。田舎でも砂利が積んであって、そこにセイタカアワダチソウが生えていて空き缶が転がっていたりする。そんなスプロール的な開発風景に幻滅したり。八ヶ岳の方はお洒落で洗練されていて田舎じゃないみたいな感じだなぁと思ったし、北アルプスは良かったんだけど、見に行った家が大きな古民家で、スキー場よりももっと高い場所にあって、ここは冬期の雪下ろしが大変だろうと思って。そう思うと、この中川村は夏も涼しく冬もめったに雪は積もらないし頃合いが良くて、自然の山と農地と暮らしがうまく混ざり合っていました。ちょうど来た時期が4月の終わり頃で、残雪が多く花もたくさん咲いていて、美しかったですね。

　家族でキャンプしてると近所の人がいろいろと気にかけてくれて、「トイレ使ったらええで」とか、冬には「寒いから農作業の休憩所のこたつのとこで寝たらええで」とか。そのうち、どんちゃん祭りや御柱祭のお手伝いに駆り出されたり。それでこの村に通うようになりました。家族が先に住み始めて私は3

年後に移住しました。

　中川村の魅力は何かと聞かれると、「変な人が多い」ところでしょうね。ニホンミツバチの朝和さんやイエルカさんをはじめとしてね（笑）。都会に比べて一人ひとりの顔が見えて、どこにどんな人がいるかがわかっているからこそ、より個性が際立って記憶されるのかもしれません。でも本当に個性的な人が多いです。

　それからなにかにつけて活動が盛んです。文化祭では絵画、書道などに大作が多いし、スポーツは毎年バレー祭という非常に熱いイベントがあります。若者部門だとスパイクやクイックがバンバン飛んでくるので、素人はただコーナーの角に立っていないと危険です。私は40歳以上の部に参加します。それからソフトボールや若い人の野球なども活発におこなわれています。また、5月の連休におこなわれる「信州なかがわハーフマラソン」は、毎年3,000人を越す参加者で盛り上がっています。起伏のある中川村ならではの変化に富んだコースレイアウトと、果実をふるまう私設エイドステーションでの声援に、ランナーの評価も高いマラソン大会です。

　この辺りは歴史的に豊かな土地柄なのでしょう。立派なお屋敷が多く広い庭の手入れも行き届いています。良い意味で観光化されていなくて、美しい自然と思いやりの心が残

されています。よそから来た人には手放しで
おもてなしをして喜んでもらう。あまり銭勘
定をしない。そういう文化が残っています。
それは今の日本ではとても誇れることです
が、ビジネスとして後継者が続けていけるよ
うな、サービスに見合った料金体系をつくる
ことがこれからは大事だと思います。

　美しい村連合には2008年に加盟しました。
その時に「村の魅力は?」と聞かれて、「村
でいろんなことをやってる人たち」と答えま
した。中川村の地域資源は人です。地域の良
さを残して暮らしていくのは、本来の保守的
な発想です。しかしグローバル経済は自分た
ちの規格に統一した商品、サービスによって
世界中のマーケットを席巻しようとしていま
す。地域の伝統・文化、そして、地域の暮ら
しまで破壊される。「日本で最も美しい村」
連合とは、他にない自分たちの伝統・文化・
暮らしを大切に守り、未来世代に引き継いで
いこうという、グローバル経済へのアンチ
テーゼ運動なのです。中川村の地域資源が人
ということは、「日本で最も美しい村」連合
の理念そのものです。

　私自身が、中川村の四季折々の美しさ、人々
の暮らしぶり、やさしい気持ちに感動して移
住してきたわけです。その当初から、中川村
の一番良い発展のあり方は、村の魅力を大切
にしつつ生かして、それを外へ売り出してい

く内発的発展だと考えていました。まず自分
たちの村の美しさに気づくこと。そして美し
い村を美しいままに引き継いでいくことが大
切です。

　今、村の中で小さなお店が産声をあげ始め
ています。今年4月に開店した「たろう屋」は、
オーガニックと手づくりにこだわった品揃え
の雑貨店です。「たろう屋」のように自分の
こだわりでつくるお店や農家民宿、レストラ
ンなど、それぞれの得意な領域で、小さな創
業が生まれていくといい。たくさん儲けなく
てもいいので、子どもたちが同じ仕事を引き
継いでいける持続性のある商い。それで変わ
らず、バレーボールをやったり、川で魚釣り
したり、お祭りのときはみんなで神輿を担い
だりして、暮らしていける。フェラーリ乗ら
んでもええし、レクサス乗らんでもええんで
ね。軽トラに野球道具積んでみんなでソフト
ボールやって、終わったら「焼き肉やー!」
みたいなね。

　村を料理に例えると、豪華な鯛や伊勢海老
がドーンとあったりするのではなくて、ちら
し寿司みたいなイメージです。しいたけや玉
子焼きや海苔やいろんな具材がいっぱい入っ
ていて、その一つひとつが混ざり合って生み
出す味。そうやって細々と遊んで暮らす。そ
んな村がいいですね。

森も人も活かすキャンプ場で、地球の課題に地域から取り組む

四徳温泉キャンプ場（Waqua 合同会社）　久保田雄大、米山達也、宮下史恵

「ここ中川は、半分以上が深い森に包まれた村です。キャンプ場があるのは、その森の一番奥。静かな、曲がりくねった沢沿いの道をずーっと車で走っていくと、標高950メートルぐらいのところに現れます。魅力はこの豊かな森と、温泉。温泉は開湯450年といわれる名湯です。最高に気持ちいいですよ、ぜひ入っていってください」

雄大さん（写真左端）は生き生きとした語りで、自らが運営するキャンプ場のことを紹介する。今や年間約1万人が来場する、南信州でも屈指の人気キャンプ場となった四徳温泉キャンプ場。自然を愛し、山岳ガイドのライセンスも持つ雄大さんがこの場所の運営を村から委託されたのは、平成27年のことだ。

そして雄大さんは、地域の先達に話を聞くことから土地との付き合いをはじめた。じつはキャンプ場のある四徳地区は、かつては炭焼きと林業で活気あふれる集落だった。しかし昭和36年、のちに「三六災害」と呼ばれる集中豪雨による土砂災害で壊滅的な被害を受け、集落の全員が移住を余儀なくされた。

「最初は『あんまり人が来たらご先祖様にいやがられるのかな、静かに管理だけしようかな』、って思っていたんです。でも、元住民だったおじいさんに話を聞いてみると、『ここは賑やかで豊かな場所だった。どんどん人を呼んで、もう一度そういう場所にしてくれ』って。僕も、それならば思いっきりやってみようと腹をくくりました」

はじめの数年は、仲間と一緒にいろいろな可能性に挑戦することで、自分たちのスタイルが見えてきた。「仕事とは、人生の夢を叶えるためのもの。人の思いと場所の可能性の交わるところに事業が生まれるんです」と雄大さん。共同代表の達也さん（写真右端）は、親子二代のログハウスビルダー。冬になると間伐材を切り出し、傷んだ建物をリノベーションしている。コアスタッフの史恵さん（写真中央）は、キャンプ場でアルバイトをするうちに「動物に関わる仕事がしたい」という子どものころの夢を思い出した。2年かけて野生動物のガイディングを勉強し、今ではキャンプ場の人気ツアーガイドになっている。そうして、ここに関わる人の分だけ森に手が入り、荒れていた森は憩いの場所に。

そんな四徳温泉キャンプ場には、一つの大切なルールがある。それは、できるかぎり環境に負荷をかけない滞在を実践すること。ゴミはすべて持ち帰り、浴室も含めて使用できる洗剤は純石鹸のみ。ペットボトルの販売は行わないなど、環境への配慮を徹底しているのだ。

「キャンプって、不思議なメガネみたいなものだと思っているんです。都会よりも田舎が、物が多いことより少ないことが、早いことよりゆっくりできることが素晴らしく見えてくる。このメガネで地域を見ることができた僕にとって、中川村はまだまだ宝物だらけ。この感覚をもっと多くの人と楽しみながら共有できるようになったら、未来は確実に変わっていくはずです」

夢は大きく、活動は地道に。
30年かけて「理想の農園」をつくる

大島農園　大島太郎、歩

　「朝がいちばん、野菜が輝いているんですよ」。そう言われて早朝6時、まだうっすらと霧のかかる畑を訪ねた。やわらかな陽が注ぐなか、食べごろを迎えているのは大根、人参、レタスなどおなじみの野菜だけでなく、フィノッキオに紫ブロッコリー、トレビスとじつに多種多様。それらがモザイク模様のように連なって、美しき里山の風景を描き出していた。

　信州大学農学部を卒業後、各地で学びを重ねた太郎さんが妻の歩さんとの結婚を機に中川村へUターンし、平成16年に大島農園を開園した。「子どものころから農薬が体質的に合わなかった」という太郎さんは化学合成農薬や化学肥料に頼らない栽培を行うため、3反の畑から農園をスタートさせた。平成22年には法人化され、現在作付面積は5ヘクタール、栽培する品種は100種以上に。標高約600メートルの畑で有機質肥料を使った土づくりを行い、健やかに育んだ野菜は、プロの料理人を含む県内外多くのファンに愛されている。

　太郎さんが農家を志したのは、じつはそう早い時期ではない。大学で農学部に進んだのも「海外に行けるチャンスがあるかなと思って」。しかし、調査地として出向いた三重の農園で農民たちの声に耳を傾けるうち、その佇まいや語られる言葉に魅かれていった。

　「調査研究だけでは、彼らの最前線には決して追いつけない。そう気づいたとき、ならば自分が農業をと考えるようになりました」

　妻の歩さんとは、その後研修生として働いていた愛媛県明浜町の「無茶々園」で出会った。無茶々園といえば、柑橘類の有機栽培を柱に海の漁師たちと連携したり、福祉事業を展開したりと土地の課題をまるごと事業化しながら成長を遂げてきた全国有数の地域法人。二人はそんな先輩たちの取り組みにも大きな影響を受け、農園の指針を立ててきた。

　ウェブサイトにも掲げている大島農園の目標は、「30年かけて理想の農園をつくる」。では彼らにとって「理想」とはなんだろう。太郎さんはこう話す。

　「まず、農薬や化学肥料に頼らない栽培で安定的に野菜を生産することが基本。でも単に経済行為としてだけ農業を捉えるのはあまりにも面白みがありません。農を生業とし、農的暮らしを私たち自身が楽しみ、お客様やスタッフ、地域のみなさんともいっしょになって、元気になれる地域を作っていけたらと考えています」

　そしてビジョン実現の進捗はというと、「18年目だし、ちょうど半分くらいかな」と太郎さん。歩さんは「いつまでたっても試行錯誤。『これでいい』って思えた瞬間がない！」と明るく笑う。きっとそれは、「まだ半分」でも「まだ正解が見えない」でもない。着実に今を重ねる、その積み重ねこそが未来を作っていくことを知っている二人は、今日も思索と実践を繰り返し粘り強く前に進むのだろう。思い描く豊かな農的暮らしを、未来へとつないでいくために。

ここにしかない、この土地の味わいを映すワインを

南方醸造合同会社　曽我暢有、晴菜

転機は突然訪れた。村から出て横浜の大学を卒業し、会社員生活も経験して「農業でもやろうか」と村での暮らしを再開していたある日のこと。村内に暮らすストーブ作家のイエルカ・ワインさんが、夕食の席で一杯のナチュラルワインを注いでくれた。はじめて聞くワインに、体験したことのない味わい。そして一杯の背景にあるストーリーを聞く頃にはきっと、暢有さんが進む道は示されていた。

ナチュラルワインとは大まかに言えば、栽培から醸造まで化学的処理に頼らず育まれたワインのこと。日本では「自然派ワイン」と訳され耳触りよいイメージだが、発祥の地フランスでは巨大化し権威化したワイン界へのカウンタームーブメントの象徴と言われる。

栽培も醸造も一手に担う、そう決めた暢有さんだが、それはスタートラインに立つことだけでも長き道のりだ。農薬に頼らないぶどう栽培を実践しながら、醸造技術も学んで……日々は矢のように過ぎていった。「『あいつは都会から帰ってきて、いったい何をやっているんだろう』って、ずっと思われていたと思います」。笑顔で話すが、胸には数々の悔しさや葛藤も抱えたことだろう。

ただそれは、たくさんの学びや師との出会いを得た年月でもあった。研修生としてすごしたフランス・ジュラ地方では「どこで飲んでも土地の光景が目に浮かぶような」ワインに出合った。山梨では日本屈指の醸造家・小山田幸紀さんと出会い、「生きる教科書に対峙しているような気持ち」で、今も足繁く通っている。じつは平成30年に結婚した妻・晴菜さんとも、このワイン用ぶどうの畑で出会ったのだった。

そして平成31年。暢有さんの思いと行動に突き動かされ、ついに中川村は自治体としてワイン特区に認定されることに。令和2年秋には自宅近くに醸造所の建設が着工され、令和3年2月完了した。

「快く畑を貸してくださったり、見守ってくれたみなさんに感謝する意味でも、名前は地域名にしたくて」、醸造所名には暢有さんが暮らす「南方」の名を冠した。

ところで、一般的にワインの世界ではぶどうを育てる土質が問われると聞く。中川村の土は果たしてそれに見合うのだろうか？

「僕も最初は、ワインの名産地と同じような土がないかと探していました。でもある畑の地主さんが『この土は粘っこいから、作物も人間も粘り強くなるぞ』と誇らしげに話すのを聞いたとき、『自分はこの土地らしいワインをつくればいいんだ』と気づいたんです」

そう、暢有さんが感じたナチュラルワインの魅力の一つは、画一的な味に近づける競争ではなく、土地ごとの多様性をまるごと表現するものだということ。この村だからこそできる最高の味を追い求めればいい、だから面白い。

「すでにイメージはあるんです。あたたかくて、穏やかで、ちょっとゆるいワイン（笑）。南信州、ちょっとヤバいぞ！って、話題になるくらいの味が出せたらと思っています」

小さな村の行政は、一人ひとりが輝くための伴走者

宮下健彦　中川村長

2018年に村制60年を迎えた中川村。8,000人からはじまった村は、約4,800人（2020年末）まで人口が減少している。将来に向けて、いかに村が存続していくかの戦略がますます問われる時代だ。村としては、2014年12月から「中川村まち・ひと・しごと創生総合戦略」を策定し、地方創生の取り組みを実施する。2020年3月からその第2期として総合戦略が動きだした。戦略の中心に据えているのはやはり、人口問題。地方共通の課題である人口減少の流れを大きく変えることは困難かもしれないが、鈍化させる術はあるのではないか。そう考えて、宮下村長は「あらゆる人が住みやすい村づくりをめざしています」

では、この村の魅力とはなにか。この村に生まれ育った宮下村長があえて気楽に表現するのは「そこそこ感」という言葉。都会のような便利さはないけれど、暮らすのに不便すぎるということもない。御柱祭をはじめとする祭りや伝統文化も息づいていて、隣近所とのつながりもあるけれど、いわゆる「よそ者」を排除しないオープンで穏やかな村民性がある。

そして、伊那谷を見渡す絶景の山・陣馬形山や起伏に富んだ地形など、自然が育んだ美しい景色。「暮らしていると当たり前のように感じてしまいますが、景観を維持している人々の暮らしも含めてここにしかない、この村ならではの魅力です」

こうした村の宝を踏まえながら、今後力を入れていきたいと考えているのは環境保全型農業。もともと中川村は、果樹栽培など農業に向いている土地であり、近年は新規就農を希望する移住者も増えている。

「そうした方がめざしている、農薬や化学肥料に頼らない農産物の生産は、耕地の狭い中川村のような場所にこそ適しているといえるでしょう。じつは私も、ぶどう農家になろうと役場を退職しました。家では妻がぶどうを栽培しており、私は草刈り係。ここ5年は除草剤を使わずに育てています。村の栽培農家の間でも農薬削減や化学肥料に頼らない栽培が増えつつあります」

もちろん、農薬や化学肥料の削減を継続的に行うには多くの手間も労力もかかる。大変だけれど、「日本で最も美しい村」連合の一員として、「美しい村」＝「持続可能な村」と捉え考えていきたいという。「りんごの花芽が遅霜の被害にあったり、台風や長雨で道が崩れたりと、気候変動の大きな影響はまず、地方から起きています。だからこそこの環境下でできる農業に取り組んだうえで、その結果育まれた付加価値ある農産物を、都市のみなさんのもとに届けられる仕組みを作っていきたいと考えています」

未来に向けた持続可能な村をビジョンとして描きながら、今、ここに暮らす一人ひとりが輝ける村であること。そのために小さな村の行政にできるのは、「村民一人ひとりの意欲やビジョンに寄り添う伴走者となること」と話してくれた宮下村長。美しい村をさらに美しく輝かせ、多くの人が集いたくなる村であり続けるために、今後も村づくりを進めていく。

松崎町
MATSUZAKI
Shizuoka / Kanto

コンパクトな町に、ぎっしり詰まった自然資源

静岡県伊豆半島の南西部、海岸沿いに位置する風光明媚な町。海水浴場や釣りが楽しめる漁港へは民宿からも歩いてすぐ着ける。後ろを振り返れば町の6割以上を占める山林が広がる。

松崎町が位置する西伊豆は、険しい地形とその起伏に富んだ標高差が特徴。東京から新幹線で約1時間。三島駅に到着したら車に乗り換え、松崎町を目指して走ること約2時間。山間部の激しいカーブを何度も抜けると、ガードレール越しに水平線がどこまでも続く穏やかな海が目の前に開けてくる。

三方を山に囲まれた港町「松崎」を知るには、徒歩での町歩きがおすすめ。海水浴場や松崎港を背に一歩、町中へ入るとひときわ目を引くのが「なまこ壁」と呼ばれる趣きある建造物だ。これは、瓦と漆喰で作られた壁塗りの様式のひとつで、白と黒のコントラストが印象的。漆喰の盛り上がる様が「なまこ」に似ていることから、そう名付けられた。この盛り上がり方が立派なほど、その家の財力を表す。かつて廻船業などで財をなした商人たちが住んだ松崎町には、いたるところにこうしたなまこ壁の建物が今も残る。

そして、町の中心地区から車で15分ほど山の中に分け入ると、駿河湾と富士山を臨む山の斜面に広がるのが、「石部の棚田」。山肌に段々に連なる、幾何学模様のように広がる田んぼは、大小不揃いながらも、そこに何か規則性を感じる。後世に残し伝えていきたい美しい原風景のひとつだ。

なまこ壁、石部の棚田に続く、地域資源の3つ目が「塩漬けの桜葉」。桜餅などに使われるこの桜葉の7割がここ、松崎町で栽培されており、日本一の桜葉生産地として、町の重要な地場産業を担っている。

海では海水浴や釣り、カヌーなどのマリンスポーツを楽しむ人々の姿が、そして山ではかつての古道を発掘、再生させ、マウンテンバイクで走り抜けるトレイルツアーが人気を呼んでいる。コンパクトな町に、ぎっしりと詰まった豊かな自然資源。大企業に頼らない、松崎らしい美しい村づくりで町は発展してきた。（2016年8月取材）

静岡県

駿河湾

松崎町

町、シニアを元気に奮闘する松崎の母

企業組合 であい村「蔵ら」代表理事　青森千枝美

　松崎町で20年以上、民宿を経営していた千枝美さんが今から11年前、「ものづくり介護」を目指して始まった「蔵ら」は、なまこ壁が印象的な築150年以上の古民家を活用したカフェ＆ギャラリーだ。1階は大きなテーブルを配し、地元の食材を使って地域のお母さんたちが腕を振る500円の「ワンコインひる膳」がいただける。店の一角には、物づくりが得意な達人たちによるバッグや雑貨などがぎっしりと並べられている。これらの作品を作っているのは、60〜90代の地域のシニアたちで、その作り手の数は100にのぼる。女性だけでなく、竹細工などは男性による作品だ。

　「ものづくりを通じたシニア層の活性化」は千枝美さんのアイデア。松崎に生まれ、東京で25年ほど暮らした後、父親の介護で松崎町に戻り、民宿の経営を始めた。看護師の経験から、高齢者問題にはもともと関心を持っていた。「だけど、自分が高齢者になって初めて、高齢者の問題が見えてきた」という。日本で定義される生産年齢は15歳から64歳。とても80歳には見えない若々しい千枝美さん自らがモデルになって、「まだまだ、大丈夫。私くらいの年齢になっても、十分やれるわ、ということをこの活動を通じて伝えています」とにこやかに話す。

　「蔵ら」にかかわるスタッフは平均年齢72歳。パソコンの出来る人、運転の出来る人、家庭でお料理作りを50年続けている人。さらに、レジ打ち、経理、大工仕事など。ひとりが2役、3役をかけ持つこともあり、それぞれが得意分野を出し合って成り立っている。「だからボケている暇などないの。ここは言ってみれば『働くデイサービス』ね」と屈託なく笑う。

　この日のランチのメインは子どもたちの夏休み期間中ともあり、子どもたちに人気の「若鳥のネギソース」。開店前、ご近所から採れたてのトマトや菜っ葉などの野菜が届けられ、メニューはその日の食材で決まるおまかせスタイル。開店と同時にお客さんで賑わい、一日60食の限定ランチは13時前には売り切れ必至。食べログでも人気のランチだ。

　「地元の人たちが食べきれない食材を届けてくれるから500円でランチを提供できているの。下田の人も伊東の人も、伊豆の皆さんが口を揃えて『松崎町はホッとする』と言うわね。人がいいし、みんな親切で、いい意味で、おせっかいだから」と笑う。いくつになっても、女性がイキイキと活躍している町は、それに引き寄せられるように男性も元気になり、ひいては全体が明るく活気あふれる町になるという、まさにお手本のようなケースだ。「私はいつも『松崎町のお母さんよ』って言っているの。だって、そういう場所がないと寂しいでしょ？これからも、町を出ていった子どもたちがいつか帰ってきたくなるような町にしていかないとね」

　「松崎町の母」である千枝美さん。太陽のようなほがらかな笑顔を求め、今日も「蔵ら」は多くの人々で賑わう。

1200年前の古道を蘇らせた現代の「山伏」

山伏トレイルツアー・西伊豆古道再生プロジェクト代表　松本潤一郎

10代の頃からネパールをはじめ海外へバックパッカーとしてトレッキングの旅をしてまわった潤一郎さん。さらに、24歳では南米をバイクで一周する旅に出るなど根っからの「旅好き」、そして「道好き」だ。

9年前、縁あって移り住んだ西伊豆で、地元の老人たちから、昔、冬になると炭焼きをするために人々が山に分け入った道があったという話を聞く。興味を持った松本さんは、休みの日、一人、引き込まれるように山の中へ。当時、人々が歩いていた、しかし、今は使われなくなり山の中に埋もれた道に惹かれ、古道を再生させることを決める。

かつて炭焼きや材木集めで山に入る際、地元住民が頻繁に利用していた「生活道」は、石油、石炭の普及とともに使われなくなった。倒木で覆われたり、崩れるなどして、かつて栄えた道は山の中でひっそりと眠っていた。この山道は、一般的な登山道に比べて幅が広く、ハーフパイプ状（円筒を半分にカットしたような形状）にくぼんでいるのが特徴だ。松本さんはこの道を一目見て、「マウンテンバイクで走ったら面白い」と直感で感じた。

山林の所有は、国や町、個人などが入り交じり、権利関係が複雑だったが、行政や所有者に地道に説明を重ね、平成23年末から整備の活動をスタート。ヘルメットを着けて林に入り、倒木や枝葉で覆われた道をチェーンソーで切り開いていった。昔は荷運びの馬も歩いたという道。これまで整備した古道は計40キロ。賛同する仲間は徐々に増え、今では住民も含め十数人が携わっている。

現代に蘇った古道は、平成25年より、山の中をマウンテンバイクで駆け抜ける「山伏トレイル」としてツアー化させた。ツアーで走るのは約30キロ。要所要所で松本さん自ら古道の解説を行い、先人たちのかつての暮らしを垣間見ることが出来る。特にハーフパイプ状のスポットは「江戸末期の時代、この道を炭を積んだソリを馬が引いて運んでいたんだな、と思うと古道から歴史とロマンを感じますよね」と潤一郎さん。

このツアーはフェイスブックなどのSNSを通じて情報発信を行っており、今では「山伏トレイル」は東京、神奈川、名古屋、大阪、福岡など全国から参加者が訪れるほど人気。インスタグラムによる情報発信では、海外からの問い合わせも来るなど、確実にファンは増えている。松崎町の「海の観光」と並ぶ、新たな「山の観光」の地位を確立させる勢いだ。

ユニークなのはそのツアー名。「山伏という言葉が、海外からのお客さんを引き付けるのでは？　と思ったのと、山伏という言葉には、山で暮らす人、ソリ引き、炭焼きの人、という意味もあるそうです」と潤一郎さん。まさに、現代の「山伏」を地で生きる、古道に惹かれた一人の開拓者が、松崎町に新しい風を巻き起こしている。

海、山、豊かな自然を生かした松崎らしい町づくりを

齋藤文彦　元 松崎町長

　小さな港町である松崎町は、かつては養蚕が盛んで、その品質の高さで全国に知られていたという。さらに遠洋漁業でカツオを追いかけ、大海と広い世界を見ていた住民も多かった。齋藤前町長は、「自分が子どもの頃は、視野が広くて斬新な考え方の大人が多かった」と話す。

　松崎町は豊かな自然資源に恵まれているものの、町を引っ張るような大企業はない。齋藤元町長にとっては、「町の財産は、役場の職員をはじめ町の未来を真剣に考えている若い人々かな」。桜葉の塩漬けも有名だが、基幹産業は観光と農林漁業。さらにこれからの町を考える上では、「松崎ふるさと自然体験学校構想」もおもしろい。松崎町の海や山など豊かな自然資源を活用して、町民が講師になり、観光客に様々なアクティビティを体験してもらう滞在型のプログラムだ。実際に松崎町では、カヌーやシュノーケリングのガイドなどで生活している人もいる。大企業がなくても、松崎らしい町づくりが出来ることを住民たちは知っている。

　以前棚田にオーナー制度を導入し100口募ったときには、ちゃんと希望者が集まった。そのように地域資源の活用と民泊を組み合わせれば、地域にお金が落ちる仕組みが作れ、松崎町らしいやり方で、町全体が元気になる。「こういうのをやってくれる若い人が出てきたらいいよね」と期待する。

　実際、齋藤元町長は町に移住してきた地域おこし協力隊にも、「3年の任期が終わった後も町で生き残れるよう、今からコネクションを作っておけ」とアドバイス。さらに「町を利用しろ、役場の職員を利用しろ」とも。

　そして色々あって行き詰った時や気分転換には、海に出るのが一番効く。齋藤元町長自身、カヌーをしたり、夕陽が沈んで目の前で黄金色に染まる海を眺めていたら、一気に気分が良くなるという。「海水と羊水は成分が似ていると言われるけれど、本当にそうだと思う。自分にとって、松崎町の美しいシーンと言えば、やはり夕陽と一面の花畑かな。役場にも本当はカヌーで出庁したいくらいだけど、さすがにね（笑）」

　齋藤元町長にとっての「人生の喜びベスト10」の一つは、子どもの頃海に潜り岩だと思って採ったものが大きなサザエだったとき。「あの嬉しさは今も忘れられないよね。そういう、子どもの頃の嬉しかった記憶って、ずっと胸の中に輝いているもの」と笑顔をこぼす。

　今後の松崎町のあり方を考えると、「松崎らしさ」をいつも考えて後世に残してゆくことが大事。一人では難しくても全体でやれば出来ることもある。「そして究極は、住民の一人ひとりが松崎の町で輝くこと。それが大切だと思うんだ」

曽爾村
SONI
Nara / Kinki

歴史、神話、山脈、一面ススキの高原が
生みだす、地域の奥深さ

曽爾村は、人口1,361人（令和4年1月現在）、9つの集落からなる美しい村だ。村の中央を走る曽爾川が山を削り、谷を開き、やがてそこに人が住むようになったのが始まりという。

「ぬるべの郷」というキャッチフレーズで親しまれるこの村は、奈良時代、「漆部造（ぬるべのみやつこ）」という漆生産の拠点が置かれ、漆の原汁を採集して朝廷に納めていた歴史を持つ。

その昔、日本武尊（ヤマトタケルノミコト）が曽爾を訪れ、狩りに出かけた際、木の枝を折るとその木汁で手が黒く染まった。手についた黒い樹液を物に塗ったところ、光沢が出て美しく染まったことから、この地に「漆部造」を置き、日本で最初の「漆塗」が始まったと言われる。「曽爾」という地名は、奈良時代の古事記にも登場しており、蘇邇、素珥、素児、などの変遷を経て平安時代中期に現在の「曽爾」に変わったとされる。「曽」には「石」、「爾」には「丘地」の意味があり、「曽爾」とは石礫の多い土地をいう。

その地名の通り、村の大半は、約1500万年前の火山活動によって出来た山々が連なる「室生火山群」からなる。天に向かって突き刺さるかのように、雄々しい姿をした鎧岳、高さ200メートルほどの垂直な岩壁が連なる小太郎岩、鋸の刃のような珍しい岩が屏風を立てたかのように連なる屏風岩など、迫力あふれる景観も魅力の一つ。

年間で50〜60万人が訪れるという曽爾高原のススキは、広さ約40ヘクタール。曽爾高原のススキは、昔からかやぶき屋根の材料として使われてきた。春には野焼きが行われ、初夏には鮮やかな緑あふれる一面の草原に。そして、秋には一面のススキが高原を埋め尽くすように群生する。日本一夕景が美しい村の一つとして、近年では外国人観光客も多く訪れるように

なった。風に揺れ、太陽を反射して金色に輝く風景は、まるで切り抜かれた一枚の絵画のようだ。

散策に疲れたら、年間20万人以上が訪れ、温泉雑誌でも1位を獲得するほど人気の美人の湯「お亀の湯」、そして、「曽爾高原ビール」が楽しめる曽爾高原ファームガーデンへ。

歴史、神話、景観。そして、村を作る魅力は何と言ってもそこに暮らす「ひと」。ガイドブックでは伝えきれない魅力と見どころが詰まった、奥深い曽爾村へようこそ。（2016年11月取材）

じっくり焦らず作られた曽爾の「隠れ家」

カフェねころん　前川郁子

曽爾高原を見晴らす鎧岳のふもと。この地に古民家を借り、納屋部分をカフェにリノベーションして出来た「カフェねころん」。猫好きな郁子さんと、マカロン好きなご主人の好きなものをくっつけたのが店名の由来だ。曽爾村を選んだのは、ご主人の実家からほど近い場所であり、郁子さんに「村で最初のカフェをやりたい」という思いがあったから。築50年ほどの古民家は、郁子さんがインターネットで調べて見つけた。

「床を張り替えたり、壁を塗りなおす程度で、大掛かりな改装はしていません。梁や柱を見ても、もうこんな家は建てられないだろうなと思うほど、随所にいい素材が使われているのが分かります。ただ、大きな地震が来たら怖いかも」と笑う。

カフェをオープンしたのは、移住して3年が過ぎてから。その間は、カフェをやりたいという思いは胸に秘め、まず、地域の人々と関係を築くことを大切にしてきた。「突然、よそからぽっとやって来てお店をオープンさせるのではなく、地域の人に受け入れてもらってからはじめたいと思って」

お店のリノベーションが終わってから、オープンまでさらに1年の歳月を要した。「建物が完成したら今度は内装、お店でお出しするメニューなど、どうしたらいいか悩んでしまって。急いでオープンしても仕方ないので、じっくり時間をかけてひとつ一つをこなして

いきました」

店内でいただけるのは金沢から取り寄せたコーヒーなどの飲み物に郁子さんお手製のマフィンをはじめとする焼き菓子。店内のいたるところに郁子さんの愛着ある本がずらりと並ぶ。そのセレクトはまるでブックカフェのよう。店内に流れる音楽も耳に心地よく、ゆっくりと穏やかな時間が楽しめる曽爾の「隠れ家」だ。

ランチは予約制で、お米や野菜はできる限り曽爾産のものを使用している。

営業は、金、土、日、祝日のみ。10人も入ればいっぱいになるカフェなので、基本、団体客はお受けしないスタンス。「カウンターはあるけれど、せっかくならゆったりと過ごしてもらいたいので、それを考えると7〜8人が精一杯。お店を開く際に思ったのが、『この村でパートで働く女性と同じくらいの収入が得られたらいいな』というものでした。それが実現できるのも釣り雑誌のライターとして働いてくれている旦那様のお陰。彼の健康には十分注意した食事を心がけています」と茶目っ気たっぷりに話す。

本好きな郁子さんのもう一つの夢が、このカフェで古本屋を開くこと。

「自分が買い取った本が誰かの手に渡る。本が旅するって素敵なことですよね」

ゆっくりと、だが着実に曽爾という地に根を下ろしはじめている。

「箱庭」のように、どこを取っても美しい風景がある村

芝田秀数　曽爾村長

　年間50〜60万人が訪れる観光地・曽爾村。村全体は曽爾谷と呼ばれる一つの「谷」で、9つの大字と呼ばれる集落が曽爾川、国道、県道などに沿って散在している。11月上旬、曽爾高原の一面のススキが見ごろを迎える時期が観光のピークで、大阪からだとクルマで約2時間、奈良市内だと1時間半もあれば着き、日帰りで楽しめる高原リゾートとして人気の場所だ。

　村の経済は、林業、農業、観光の3つが大きな柱。2016年に設立された一般社団法人「曽爾村農林業公社」は、農林業の後継者育成や生産品のブランド化などを目的として、農、林、観光に加え、曽爾村の地域資源を生かした六次産業化にも力を入れている。9つの集落が特性を生かした取り組みを始めたばかりだ。その一つである、ゆずの加工品は、いま地域の人々と連携しながら、曽爾ならではの加工品の開発をしている。

　他に珍しいのは、メダカを使ったまちおこし。曽爾村の西端、伊勢本街道の山粕と呼ばれる地区に「メダカ街道」と呼ばれるエリアがあり、10軒ほどの家で品種の異なる30種類以上のメダカをそれぞれ飼育、販売している。購入を希望する方には全国に地方発送もしてくれ、中には1匹2〜3万円する高級メダカも。「テレビ番組で紹介されたことで、曽爾村のメダカ街道は一躍有名になりました」と芝田村長が話してくれた。

　村の現在の人口は1361人（令和4年1月1日現在）と、ピーク時の1960年代に比べ3分の1まで減少しているという。他同様に村は高齢化、過疎化が進む。平成27年の国勢調査では、東京、神奈川、福岡、沖縄など一部の地域では人口が増えているものの、大阪は初めて減少したと発表され。芝田村長は「曽爾村の発展は言ってみれば大阪の発展とともにあるので、こうした人口の一極集中は厳しい現実です」と考えておられた。

　だから曽爾村でも、できる限り人口が減らないよう村を守ってゆく施策が取られている。その一つは、地域おこし協力隊の積極的な採用。協力隊募集の説明会には全国から50名を超える参加があり、「うち30名ほどが応募してくれたので、嬉しい悲鳴をあげた」という。現在は8人の隊員が、トマト農家、ほうれん草農家、曽爾米のブランド化事業など、農業、林業、観光などを支える担い手として活躍している。

　昔からその土地に住んでいると、改めてその「良さ」が分からず、何もないと思う人が多い。そんな中、自身も曽爾村に生まれて育ったという芝田村長は、「何より私たち村民自身が自分たちの「ふるさと」に誇りを持って、美しい自然景観や地域資源を後世に残していこう、と思うこと」を大事にしている。「曽爾高原の美しさは何よりも一番だと思いますが、この村は「箱庭」のようにどこを取っても美しい風景があります。これらの自然景観は、失われたら二度と作り出すことが出来ない大事な資源です。」

　この大切な自然を守り、生かしてゆきながら「住み続けたいふるさと・曽爾村」を目指している。

吉野町
YOSHINO
Nara / Kinki

杉と桜がつくる、いやしの場

奈良駅から近鉄線に揺られること約2時間。終点吉野駅に着くと、みやげ物屋が並び、吉野山方面へ向かうケーブルカーが見えてくる。多くの人が「一度は愛でたい」と願う吉野の桜。その起源は、今から1300年前にさかのぼる。日本の修験道の開祖であるが、難行苦行の果てに、怒りの形相をした蔵王権現を感得する。「これこそが、民衆を迷いや苦しみから救い、導く」と、そのお姿を山桜の木に彫り、祀ったのがきっかけとされる。それ以降、吉野山では山桜がご神木として植え続けられ、現在の「日本一の桜の名所」となった。

「日本で最も美しい村」連合への加盟は平成14年。登録されている地域資源は、「千年の桜に染まる吉野山」と、「伝統の技が生きる国栖（くず）の里」。国栖地区は、飛鳥時代から続く「紙漉きの里」として知られる。皇位継承の争い「壬申の乱」で勝利をおさめた大海人皇子（のちの天武天皇）が伝えたといわれる紙漉きは、1000年前と同じ手法が受け継がれ、現在も丹念な手作業で、一枚一枚、生み出される。漉いた和紙を屋外で乾かす「天日干し」は、今では日本の和紙生産者でもおこなう人は少なくなった貴重な風景の一つ。

吉野の気候と土壌が、最高級の材質として知られる吉野杉、吉野桧を生み出し、林業や製材業がこの町の基幹産業として支えてきた。製材後の端材を利用した割り箸づくりも盛んで、高級割り箸として珍重されている。町の中を歩いていると、ふと、鼻腔をくすぐる杉のほのかな香り。この町全体がひとつの製材工場であり、巨大な森林セラピー基地のようだ。

万葉集でも吉野が詠まれた歌は多く、西行法師も吉野の桜の魅力にとりつかれた一人。平安末期〜鎌倉時代にかけて活躍した歌人であり、20代の若さで武士を捨て出家した彼が、3年ほど隠遁生活を送った

という「西行庵」は、奥千本と呼ばれる吉野山でも最も奥深い場所に、今もひっそりと佇んでいる。
「願わくば　花の下にて春死なん　その如月の望月のころ（できることなら、満開の桜の下で死にたいものです、旧暦2月15日の満月のころ）」
これは、西行法師の最も有名な歌のひとつとして知られ、その願い通り現在の3月中旬、桜の時期に西行は亡くなったという。人々を魅了してやまない吉野の桜。そして、桜に負けない魅力を持つ吉野の人々。この土地を愛し、守り、切磋琢磨する、吉野人の物語である。（2019年4月取材）

大阪府

●奈良市

三重県

吉野町

奈良県

伝統の技は続けて、伝えて、つなげなあきまへん

福西和紙本舗六代目　福西正行

　時は672年の壬申の乱。皇位継承を巡って起きた古代日本最大と言われる内乱で、吉野で兵を挙げた大海人皇子（のちの天武天皇）が、国栖の人に助けてもらったお礼に、紙漉きと養蚕を教えたのがその始まりとされている。そんな由緒ある国栖の里で、代々、家業である紙漉き職人としてその伝統を守り続けてきた。

　正行さんの工房は、吉野町国栖でもひときわ小高い、日当たりの良い斜面に建っている。玄関には、「芳玄漉舎（ほうげんろくしゃ）」の文字。「古くから吉野の地で和紙を漉いている家」との意味で、天武天皇ゆかりの薬師寺の高田管主が揮毫したものという。

　工房にお邪魔すると、テーブルの上に山積みになった木の繊維の塊を手でより分ける作業の真っ最中。これが和紙の原料となる楮で、樹皮を蒸して皮をはぎ、白くなった繊維状の塊から、和紙に適さない傷がついた部分をよけていくのだという。これをひたすら続けること3日間。

　「楮の樹皮を煮る際も、樫の木の灰を使い煮ます。本当は薬品を入れて溶かせば、簡単に白い紙が作れて作業的には楽ですが、そうすると、時間が経った時に紙が黄色く変色してしまうんです。私たちが納めているのは、日本の文化財である書画を修復するため『裏打ち』に必要な和紙。昔と同じやり方を守らないと作品を復元できないので、和紙作りも変わらぬやり方で行っています」

　原料となる楮から栽培を行い、漉いた紙を乾かす「天日干し」を続けているのも、今では珍しくなった。これだけの作業量、そして国宝の修復紙にも使われる、という重責を正行さん含め、ご家族たった3人で、ほぼ家内制工業で行うというから驚きだ。

　古来よりこの地で漉かれる紙は、「国栖の紙」と呼ばれていたが、江戸時代になって、近隣の大和宇陀町の商人が紙を売り歩いたことから「宇陀紙」の名がついた。その特徴は、強度と保存性に優れている点。また、吉野で採れる「白土（はくど）」を加えることで、紙の伸縮がなく、虫がつかない紙になる。そのため、書画を裏側から補強する「裏打ち紙」として、重宝されてきた。

　千年前と変わらぬ手法で一枚一枚作られる「宇陀紙」は、国内の国立博物館をはじめ、アメリカのスミソニアン博物館、イギリスの大英博物館など、海外の名だたる博物館が所蔵する日本文化財の修復にも使われている。文化庁が定める「表具用手漉き和紙製作」の選定保存技術保持者という肩書を持つ正行さんは、修復を陰ながら支える「職人」として世界中の博物館を飛び回っては、行く先々で技術者として表立って話す機会も増えている。次に控えているポーランドのクラクフにある日本美術技術博物館では紙漉きのワークショップを行う予定。海外の美術館では、修復室に入るという貴重な経験もした。

　「修復の現場を見るという、普通はできな

いような経験もこの仕事のおかげでさせてもらえる。有難いことです」

日本の文化財をはじめ、皇室ゆかりの神社、宮内庁書陵部（皇室関係の書類や文書を扱う部局）など、正行さんがかかわるのは、一般では触れることのできない特別な世界。「代々の家業とはいえ、本当に有難いことです。『正直にものづくりをしないとあかん』というのが、父である先代の教えでした」。工房内の壁には、「伝統の技は続けて、伝えて、つなげなあきまへん」という先代の言葉が書かれたポスターが飾られている。「本当にこの言葉の通りです。これからも、実直な仕事をしていかなくてはと思っています」

大学を卒業後、家業に入り先代のもとに弟子入りした。「すべては自分の手の感覚を頼りに、見て覚えろというタイプ。特別に教えてくれることはありませんでした。厳しかったですよ。私もつい自分の我が出てしまうので、生前はよく衝突しました。亡くなる前ですね、いろいろな場所に連れていけて、ようやく親孝行らしいことができたのは」と振り返る。

先代は、ただひたすら紙を漉くだけでなく、様々な機会に外へ出かけていき、宇陀紙のPRにも尽力してきた。その姿勢は正行さんも受け継いでいる。町内の卒業証書作りの指導、首都圏の百貨店での紙漉きのワークショップなども積極的に行い、宇陀紙の魅力を広く、たくさんの人に伝えている。

この先、技術を継いでいく後継者育成も気になるところ。正行さんには娘さんが二人。お一人は学芸員で宅建資格を保有、もうお一人は看護師とのこと。お二人とも現在は、会社員、看護師さんをしているが、休日には家業を手伝っているそうだ。

字を書く機会が減り、日本人にとって馴染みが薄くなりつつある和紙だが、障子や家の内装に使うなど、建築界からのニーズは増えている。建築界のノーベル賞と言われるプリツカー賞を受賞したスペインの建築家集団RCRアーキテクツが宇陀紙を使ったアート作品を発表するなど、新しい使い方も注目されている。

「私は和紙という素材を作るだけ。アーティストの方々が宇陀紙に興味を持って、その魅力を引き出し、広めてくれるのは本当に嬉しい限りです」

かつては木簡に残されていた文字。それが、和紙へ取って代わり、今また新しい時代を迎えている。「日本の古き良き和紙が、これからも、日本の大切なものを残していく役割を担っていけたら」

宇陀紙がつなぐ職人と作家のご縁がつながる。伝統の技は、これまで作品の「裏側」を支えていた役割から「表舞台」での仕事へとアップデートしているようだ。

145

引き算の戦略で大切なお客さんとつながる

TSUJIMURA & Cafe kiton　辻村佳則

旅館、みやげ物屋、神社仏閣などが建ち並び、多くの観光客でにぎわう吉野山。この一角でひときわ目を引くのが佳則さんの店。杉の木をふんだんに使い、硬質な鉄を組み合わせた印象的なインテリア。佳則さんが葛菓子を作り、奥様が接客を担当する。

店内でドリンクを頼むと添えられてくる葛菓子は、口に入れると、ホロリととろけ、優しい甘みが広がる。葛は吉野が誇る食材で、ツル植物である葛の根から採った澱粉の塊を葛粉と呼ぶ。

ここ吉野山に生まれ、商売を営む家の次男坊として育った。

「祖母の代から続いていた商店で、今のコンビニのような存在です。当時は肉屋、魚屋、米屋など個人経営の店がにぎやかに並び、商店街が元気な時代。どの田舎でもありがちですが、子どもの頃は父から『こんな田舎にいたらダメだ、早く外に出ろ』と言われて育ちました」

父親の教え通り、学校を卒業後、一度は県外へ。ワイン好きが高じて、ワインを輸入販売する仕事などに就きながら、大阪や東京で暮らした。戻るきっかけになったのは父親の「店をたたむ」との一言。店は辻村さんが継ぐことになり、そのタイミングで結婚、吉野町に戻った。

酒屋業から今の形に商売を変えて今年で10年目。母親が昔から続けていた葛菓子作りをさらに発展させたい、という思いと「同じ1000円を稼ぐにしても、自分たちの手で真心を込めて生み出したもので、その対価をもらいたい。自分の子どもたちにもそんな姿を見せたかった」という。

新たに店を立ち上げるにあたって、県が主催するブランディングの勉強会に参加するなど、店作りの基礎を学んだ。販売する商品のコンセプトは「大切な人への贈り物」。シンプルで無駄を省いたギャラリーのような店内には、「ひみつの時間」「星とダンス」など、詩的なネーミングの葛菓子が品よくディスプレイされている。お店のウェブサイトに書かれたメッセージは、東京時代、PR会社に勤めていた奥様が、ご主人の話を聞き取り、さらに物語風にふくらませた。

佳則さんの店づくりにおける戦略は一言でいうと「引き算」。「普通は、あれもして、これもして、と『足し算』になりがちなところを、あえて『やめる選択肢』を大事にしています」

葛菓子は手作業のため、大量生産はできない。希少価値は特別な付加価値として魅力に映る時代。「本当にお店を気に入ってくださったお客様の気持ちに応えたい、そう思って作っています」と佳則さん。

桜の名勝地、観光のまち。そんなイメージが強い吉野山で、「桜の魅力だけに頼らず、あのお店を目指して吉野へ行こう、そんな風に思ってもらえるお店がこの先、1軒、2軒と増えたら、地域全体が少しずつ良い方向に変わっていくはず。この先も吉野山に少しでもプラスの刺激を与え続けられる存在でありたい。そう思っています」

この法被とともに、町のあちこち走り回る

東 利明　吉野山観光協会 会長

　「1年のうち、360日は着ています」という吉野山観光協会の法被姿で、吉野山の観光振興について話し始めると止まらない。利明さんは、これまで桜の時期に偏っていた吉野山への集客のPRを、「通年型観光」に切り替えた。冬の時期など、観光客の足が鈍る時期にも、積極的にイベントを仕掛け、年間を通じての「にぎわい創出」に力を注ぐ。

　その一つが、金峯山寺節分会の奉賛事業である「鬼フェス」。冬の吉野の新たな魅力を生み出すために生まれたイベントで、吉野山の「鬼」とともに、さまざまな企画や飲食を楽しめる内容。「それまで、毎年2月の節分にあわせて金峯山寺の境内で、飲食やライブが楽しめるイベントを行っていましたが、一過性になっていた反省から、内容を大幅に見直しました」。期間を1カ月間に延長し、エリアもまち全体に拡大するなど、工夫をこらした。

　「結果的には宿泊客が増え、お客様からは、来年もまた来たいという声もいただいています。8月には初めての試みとなる夏フェスを境内で行います。歌や踊り、古典芸能などを楽しめる縁日のようなイメージです」

　民宿「太鼓判」やゲストハウスなどを経営する利明さんは、昭和48年、吉野山で最初に宿を始めた先駆的な存在。「当時、一泊二食1600円で始めたのが最初。これまで、50年近くにわたって、吉野山で商売をする人々の変遷を見てきました」と話す東さん。

　「一番大事なのは、何よりまず、『その商売が好き』であること。私は接客もお客様も好きですし、この仕事をしていてしんどいな、と思ったことは一度もないんです。好きにやらせてもらって本当に面白いです」

　吉野山を訪れる年間の宿泊者数のうち半数近くがリピーター。「帰り際に来年の予約をされていかれる方も多いです。しかも他の宿に浮気をせず、同じ宿を選んでくださる。リピーターが多い、ということは『地域に魅力がある』ということ。それが吉野山なんです」

　天性の「ひと好き」「祭り好き」。会長に就いた時は、役員を一新し、40代の若手を増やすなど、それまでの流れを変えたことで風当りも強かったという。「法被を着て町のあちこち、宣伝に走り回っていると、会長たるもの、もっとビシッとして威厳を出さないとダメだと。いらんこと、せんといてくれとお叱りを受けたこともありました」と豪快に笑い飛ばす。若手メンバーには「自分があかんことを言ってたら、そう指摘してくれといつも伝えています」

木のまち、吉野だからこそできる木育を目指して

北岡 篤　前 吉野町長

「さかのぼれば修験道の聖地であり、お寺や神社のもと門前町として栄えてきました。西行法師が吉野の桜にちなんだ多くの歌を詠んだことから桜が有名ですが、町の産業を象徴するのは吉野杉、吉野桧に代表される吉野材です」

2016年、町制60周年を迎えたこの年、吉野町は木のまち、吉野だからこそできる木育を目指して「ウッドスタート宣言」をした。

その同じ年、吉野材を使った先鋭的な試みとして東京・お台場で開催されたHOUSE VISIONがある。

「住宅の未来を思索、提案するこの展示会で、世界で活躍する若手建築家、長谷川豪さんと民泊サイト Airbnb（エアービーアンドビー）、それに吉野町が協力して『吉野杉の家』を完成させ、世界中からたくさんの方が見学に訪れてくれました」

吉野材を使い、吉野の職人の手で作られたこの家は、現在、吉野川のほとりに移築され、吉野杉の魅力を体験できる宿泊施設として一般向けに開放されている（写真背景）。

吉野の木は、「まっすぐで、年輪が細かく、節がない」のが特徴。「建築や柱材など、特別な材として使われていますが、古くは、酒樽や醤油の仕込み桶など生活に根付いたところでも使われてきました。今後は、家具など

にも活用していくことを考えています」

また、ふるさと教育の一環として、吉野の子どもたちに満開の桜を見せる授業を行っているのは、地元住民であっても、シーズン中は観光客の混雑を避けるため、意外に桜を見たことがない人が多いからだ。「子どもたちには吉野の桜を見てもらい、この地に愛着と誇りを持ってもらう。そして何より私たち大人がこの町に誇りを持ち、この町を守り続けていくという強い意識が大切だと感じています」

3万本もの桜は下草刈りを地域住民が行うなど、美しい景観づくりへのたゆまぬ努力も続けられている。「それまで委託していたゴミの収集を直営に替えたのも、繁忙期以外のあき時間に、地域清掃など町の美化に少しでも注力してもらうため。まずは、美しい村にふさわしく、町を具体的に美しくすることから取り組んでいます」

小中一貫教育校の開校（今年4月に開校予定）など、この先も、「暮らしたい町」として新たな魅力を作り出すことに余念がない。

「かつて全国から製材業者が集まって、競りを行う原木市場が賑わったように、吉野は交易、交流の場でした。それを現代にも蘇らせたい、観光客と地元客が交流できるそんな場を作りたいと考えています」

十津川村
TOTSUKAWA
Nara / Kinki

村ぐるみで自主自立の精神が培われてきた場所

奈良県の5分の1の面積を誇る十津川村。その96%を山林が占め、1,000メートル級の山々に四方を囲まれた山岳地帯が続く。平地はほとんどなく、急峻な斜面に200を越える集落が点在し、3,300人ほどの村民が暮らす。

移動手段はクルマかバス。「日本一距離の長い路線バス」で知られる八木新宮線は、奈良の近鉄大和八木駅と和歌山のJR新宮駅を結ぶ路線バスで、全長167キロ。谷瀬の吊り橋、十津川温泉、熊野本宮大社などのスポットを駆け抜け、終点の新宮駅まで6時間半で到着する。

長さ297メートル、高さ54メートル、生活用の吊り橋としては日本一長い「谷瀬の吊り橋」は、村人たちの汗と涙の結晶による悲願の吊り橋。大学の教員の初任給が7,800円だった時代、谷瀬地区の人々が一戸あたり20〜30万円もの大金を投じ、村役場の協力も得て昭和29年に完成させた。先人たちの「助け合い」精神を物語るエピソードだ。

パワースポットとしても知られる玉置神社は、熊野三山（本宮、新宮、那智）の奥の院とも称され、樹齢3000年といわれる神代杉などの巨木が圧巻。世界遺産にも登録された「熊野参詣道小辺路」は、高野山から熊野本宮大社への巡礼道で、人々が1000年以上前から祈りを捧げてきた聖地。その巡礼道沿にある果無（はてなし）集落には、昔、茶屋や宿場を営んでいた数軒が残り、自給自足で営みを守る姿はまさに日本の原風景そのもの。

村内には、泉質の違う3つの天然温泉が湧き、中でも十津川温泉郷は全国で初めて「源泉かけ流し宣言」を行った先駆け的存在。活性酸素を減少させ、若返りのカギとなる抗酸化物質を増加させることが医科学的にも実証された「心身再生の湯」だ。

平成30年には、国連が掲げる「持続可能な開発目標（SDGs）」で優れた取り組みを提案、「SDGs未来都市」に選ばれた。歴史をさかのぼれば、壬申の乱（672年）で、天武天皇の吉野挙兵に十津川の民が出陣、その功績により免祖地になり、藩に頼らない自治権ゆえの「自主自立」の精神が培われてきた。そして、村の歴史を語る上で欠かせないのが水害。壊滅的な被害を受けながらも、その都度、村民が一致団結して再起をはかってきた「よみがえりの地」でもある。（2019年7月取材）

奈良県

十津川村

三重県

和歌山県

「むこ（婿）だまし」が村でずっと続いてほしいのう

生産グループ「山天じゃあよ」　中南百合子、泉谷和子、松葉俊子、鈴木大介

　広大な十津川村には、7つの区、55の大字、200あまりの集落が点在する。今回お邪魔した山天集落はそのうちの一つ。急な斜面を上がっていくと、周囲を山にぐるりと囲まれた小さな集落が広がる。標高約300メートル。ここにわずか5世帯7人が暮らす。

　生産グループ「山天じゃあよ」は平均年齢83歳の女性たちのプロジェクト。最年長にして一番元気はつらつな俊子さん（写真右端）、愛らしい表情とエプロン姿がお似合いの百合子さん（写真左端）、「私が一番、元気ないわ」と言いながらもお話し上手な最年少和子さん（写真中央）。そこに集落支援員として5年前、愛知県刈谷市から移住してきた30代の大介（写真左から2人目）さんが加わって2年前に発足した。

　もともと、3人は20代のころ山天集落に嫁いできた。集落は違うものの3人とも十津川村生まれ。今は山の中腹の畑で、在来種トウモロコシ「十津川なんば」や雑穀など4種類と、お茶や八つ頭、それに自分たちが食べる野菜を作る。

　現在、生産している「十津川なんば」も餅用の粟の一種「むこだまし」も、もともとこの十津川村でのみ作られてきた在来種。「むこだまし」は変わったネーミングだが、俊子さんによると「普通の粟の粒は黄色だけど、これは白色。その昔、もち米のなかった時代、大事な婿さまでも米の餅と騙されるほどだった。そこから『むこだまし』の名前がついた」

のだとか。

　ちなみに、私たちが普段口にする野菜のほとんどがF1種と呼ばれる種で作られている野菜。生育が早く、食味の改善もしやすい、均等な形に作れることから、スーパーに出回っているほとんどがこのF1種によるものだ。対する在来種は、生育が遅い、形が不揃い、量産できない、などの事情から市場に出すには向かないが、野菜本来のクセや力強さが味わえる。また、種の自家採取が可能なので、循環型農業が実践できる、などのメリットが挙げられる。

　同様に今、一般流通するトウモロコシは品種改良されて甘いが、「十津川なんば」は、甘みが少ないのが特徴。かつて白米が満足に食べられなかった時代、焼いたり、おかゆの中にかさ増しして食べたという。

　今後は、村内で後継者を増やしていくこと、そして、代々受け継がれてきた雑穀と固有種を、どう絶やさずに残していくかも大事な課題。そこにかける思いは4人とも同じだ。「お母さんたちには、この先も元気でずっと作り続けてほしい。自分も早く一人前になって、村内に後継者を育てたい」そう大介さんが言えば、「私らはもう、絶対無理や。先、見えてるわ（笑）。私ら、ようせんだら（私たちがダメになったら）、村内で若い人に受け継いでほしいのう」

　「助け合い、支え合い」の十津川魂。先人から次世代へ受け継がれてほしい。

154

だから「山との対話」という原点に戻ろう

更谷慈禧 前 十津川村長

「明治22年に起きた大水害で、当時の人口1万人のうち2,489人が北海道へ移住し、開拓者として大変な苦労をされました。村に残った人々は、お金に代わるものはすべて持たせて送りだしたそうです」と教えてくれたのは、更谷村長（当時）。

北海道の原野は「新十津川村」と名付けられ、その後、「新十津川町」として栄えた。新天地の人々は、十津川村を「母村」、奈良県を「母県」と親しみを込めて呼び、今でも交流が続いている。お互いに合併せず、自立の道を選んだ「同志」。二つの町村に共通するのが「一致団結、不撓不屈、質実剛健」。

平成23年9月、再び村を襲った紀伊半島大水害で村は甚大な被害を受けた。山は崩壊し、道路は遮断され、集落は孤立。山さえ崩れなければ人々は亡くならずにすんだ、その教訓から「山を守ることは山の民の責務」と、今は村を挙げて林業再生に取り組む。

戦後の復興と経済成長を支えた村の林業は、1960年代後半になると海外材に押されて衰退、山の手入れがされなくなった結果、山は荒れ果てた。放置された森林は、二酸化炭素の吸収率が下がり、太陽光が差し込まない土壌は痩せ細って、根を大地に張ることができない。降った雨は土壌に浸透せず、表面を流れてしまうため、土砂災害にもつながる。つまり山の手入れ＝自分たちの暮らしを守る「危機管理」なのだ。そこで行ったのは、山に再び価値を持たせるための挑戦だ。

更谷（前）村長いわく、原木を切って売るだけでなく、村内で製材から家や家具などの製品化まで一貫して行い、十津川の木に付加価値をつける仕組みを作りました」。一言でいえば、山にお金を返していく循環を作ること。「山がお金を生み出すと知れば、所有者も関心を持って手入れしてくれるはず、そう考えました」

結果、十津川産の木材を使う家具職人が育ち、雇用の場も生まれた。年間約30棟の十津川産材の家が建築されるなど、地道に成果を挙げている。更谷（前）村長は言う。

山にはかつて「掟」があった。尾根筋や谷筋の木は切らないという自然の摂理にかなったルールだ。しかし、高度経済成長期には、その掟を無視して切ってはいけない木を切り始めた。

「すべては金儲けのためです。それで林業はダメになった。だから『山との対話』という原点に戻ろうと考えました」

過酷な自然と共に生きてきた十津川村。「大切なことはすべて、一見すると哀しむべき水害が教えてくれた」と更谷村長。平成の大水害では、新十津川町から5,000万円の義援金と、住民有志から3,000万円もの大金が送られた。

「住民の誰一人として、不平不満を言うことなく、黙々と復旧に向けて頑張ってくれた。あの時を思うと本当に泣けてきます」

上島町
KAMIJIMA
Ehime / Shikoku

脈々と受け継がれるお世話好きの遺伝子

愛媛県東北部、瀬戸内海のほぼ中央に位置する上島町は、古くから造船や海運業、塩づくりで栄えてきた。平成16年に、弓削町、生名村、岩城村、魚島村の4町村が合併し誕生。瀬戸内海航路の要衝として、古くから国内外の人や文化が出入りしてきた経緯があるためか、まちは、島外の住民や文化に対して寛容、オープンマインドな人が多い。

上島町には国内外からのヨット乗りが旅の途中に寄航する。そうするとまちの人たちはすぐに様子を伺いに行く。異邦人に対してお世話好きであるのは、先祖から脈々と受け継がれている交流の遺伝子に拠るものだろう。

そんな風にヨットでここ上島町に立ち寄ったまま住み続けている人は言う。「このまちは夕陽も格別に美しいけれど、私が今居る場所は、夜が明ける瞬間が最も美しい。こんな美しい場所は世界中探してもない。島の裏側から登ってくる太陽が、向かいの因島を照らし始め、その光の階調が海を渡ってこちらへやって来るのが見える。それは毎朝みても感動する」。こんなエピソードが上島町にはいくつもありそうだ。

そして上島町は、四季折々に豊かで鮮やかな表情を見せてくれる。春には桜が島を覆いつくし、「青いレモン」が旬の秋から冬にかけては、瀬戸内海の日差しをたっぷりと浴びた柑橘類が島中にたわわに実る。家の庭先や街路樹にも、レモンやみかんの木が植えられているのだから驚きだ。

平成11年に開通した「瀬戸内しまなみ海道」は、6つの島々を7つの橋でつなぎ、日本で唯一、自転車道が併設されている高速道路だ。その開通を機に、愛媛県はサイクリングパラダイスになった。上島町は瀬戸内しまなみ海道とは直接、橋ではつながっていないもののサイクリストの人気は高く、上島町4つの島をつなぐ「ゆめしま海道」や、岩城島の積善山（標高369,8M）へのヒルクライムを楽しむ人は多い。信号機がひとつもなく、乗船の自転車代は無料※、橋の上

から存分に見渡せる多島美や数あるサイクルオアシスなど、町中にサイクリスト優先のおもてなしが設けてある。

上島町にいると、私たちが普段どれほど自然からの恩恵をもらって生きているかを肌で感じる。海からの恵みと爽やかな風、美しく毎日違う色合いを見せる夕陽。その恵みを次世代にどんな物語で受け渡していくのか。朝の光が一瞬一瞬に明度を上げ、あけぼのの色の彩度を帯びていくように、自然と人との対話が上島町に輝きをもたらしている。（2015年11月取材）

※上島町以外にお住まいの方で、サイクリングの目的で上島町を訪れる方）

広島県　上島町
瀬戸内海
愛媛県

島から島へ

「ゆめしまサイクル2015 in かみじま」体験記　渡部みのり

「ファイト！」そう言って、ベテランの男性が、あっさり私を追い越していった。何度カーブを抜けてもまだまだ坂道は続く。心が折れそうになるけれど、この苦しさを仲間で共有していると思うと再び力が漲ってくる。

「ゆめしまサイクル2015 in かみじま」の出発地点である弓削島の「ひだまり公園」には老若男女総勢107名が集合。桜がモチーフの上島町オリジナルウェアを身に付けてた上島町の上村町長も参加していた。

今回のサイクリングコースは、弓削島、佐島、生名島の3島で、約34kmの「ファミリーコース」と、約45kmの「エキスパートコース」の2種類。参加者は6歳の子どもから74歳の方まで、本格的なサイクリストから初心者や家族連れまでと幅広い。自転車歴2年目の私が参加したのは、「エキスパートコース」。

コースの途中には16カ所の「チェックポイント」があり、上島町特産品でのエイドステーションとなっている。カットレモンが目に爽やかなレモン水や、旬のみかん、手作りのパウンドケーキなど、地元で採れた自然の恵みと愛情に身体がよろこぶ。

まちなかには、エプロンをつけた近所の女性たちが、応援に駆けつけてくれている。家の窓から顔を出す人もちらほら。笑顔で手を振り返す。島のにぎわいに地元の人も楽しそうだ。「がんばれ〜」。その掛け声に、疲れも吹っ飛びペダルをぐんぐん回す。

周りには、格好いいサイクリングウェア姿のベテランばかり。初めて集団で走るサイクリングに最初は緊張していたが、いったんペダルを踏み出すと、そんな不安もどこかへ飛んでいった。

急な斜面に辛い時は声を掛け励ましあい、現れる絶景に「うわぁ！」って、一緒になって感動する。はじめはよそよそしかった人とも、笑顔でつながっていた。

後続のサイクリストをアシストする「ハンドサイン」は、安全走行のために「互いを想い合う」コミュニケーションでもある。サインをあまり知らない私は、見よう見まねでやってみる。前から後ろへ「おもいやり」のジェスチャーが波及していく。みんなで、海岸線を一列に走るあの一体感。島から島へ、一本の線を引いて走っているような感覚だった。新鮮な空気を、胸いっぱいに吸い込み、気持ちいい。

前半の弓削島一周を終えると汗びっしょりだ。午後からは佐島、生名島のコースへ続く。昼食は上島町の特産品がたっぷり詰まったお弁当。穏やかな海を眺めながら栄養満点のひじきやみかんで充電完了。

雨予報を覆し、雲間からの日差し差す後半も橋の上から望む多島美に心踊り、地元の人しか知らない絶景の海岸に、逐一心を奪われながら無事完走することができた。

改めて自転車にはまってしまった。一期一会の出会いに感謝しながら、思い出を共有した仲間と別れる。「また、来年」

それが上島町をイメージさせるものであるか

上村俊之　上島町長

「イタリアの最も美しい村」視察から戻ったばかりの上村町長は開口一番語り始めた。

「都市国家としての歴史が感じられるまちづくりでした。ひとつのまちに命をかけて、住民が一体となり取り組む姿勢に大変刺激を受けました。田舎だからといって、遠慮する必要はないのだということを学びました。

翻って私たちのまち上島町はどうでしょう。島の美しい自然風景、歴史ある産業、古くから受け継がれてきた島独自の伝統文化は、時代が変わってもなお、生活の隅々に生き続けます。ですから、上島町が美しくあり続けるために、基本路線は変えない方がいいでしょう。私たちがいますべきことは、こうした歴史の断片を紡ぎ、『ストーリーあるまちづくり』をおこなうことです。

たとえば、道路や公園に一本の樹を植える。では何の樹を植えるのか？といったことひとつをとってみても、『それが上島町をイメージさせるものであるのか』を問いかけます。そうしたこと一つひとつの細かな積み重ねが、上島町のトータルイメージに繋がっていくからです」

実際のまちづくりというのは、現場での泥臭く地道な活動の積み重ねだと思われる。島に到着したとき、きれいに整備された町内の公園や街路樹をみて、まちに好感を抱いたことを思い出した。まちが美しいということは住む人の心の中に美しさがあるということだろう。そのようなまちの取り組みもあってか、上島町への移住者は年々増加していると

いう。瀬戸内海の温暖な気候風土、都会と違う子育て環境、柑橘栽培や造船業、弓削商船高等専門学校の存在など地域の特色に惹かれてやってくる人が多いそうだ。

「上島町は昔から、海外の人や情報が絶えず入ってきた歴史があり、外来者を抵抗なく受け入れる島民性があります。瀬戸内の温暖な気候や風土が、そんな島民気質をより一層強めているのでしょう」

上村町長は、自身の仕事を「ランナー」に例えた。

「私に課せられた仕事は、次世代に上島町の歴史・文化・伝統をつないでいくことです。私は自分のことを『引き継ぎ役』だと思っています。島のお祭りは、異なる世代間の交流の場であり、島の歴史認識を共有する大事な機会です。代々受け継がれてきた地域のエッセンスを語り継ぎ、住民一人ひとりが上島町に誇りをもって生きてほしいのです」

写真でもわかるように上村町長は、大の自転車好き。健康や友情、生きがいを育むサイクリングに魅力を感じ、「上島をサイクルアイランドに」と奔走してきた。そんな上村町長の夢は、「上島町を思い出のまち」にすること。たとえば、夕暮れの海を背景に男女が手をつないで歩く姿。島の若者たちが、そんなふうに青春を過ごす場所が上島町であってほしい。上島町には映画館がない。カフェも少ない。けれど、そこに愛着や生業を結びつけられる人が、上島町で新たなストーリーを紡いでいったら素敵だと思う。

©Photo: 鐘ヶ江春雄

星野村
HOSHINO
Fukuoka / Kyushu

用の美棚田が生みだす、人々のつながり

星野村の棚田の歴史は奈良時代にはじまり、ゴールドラッシュに湧いた江戸時代の人口増加とともに開墾が進んだと言われている。星野の棚田の美しさを際立たせている石積みの精巧さは、石垣を組む職人さん「がきつきさん」の教えのもと、農家の人々が自ら石を組み、その技術を継承して生み出されたものだ。「日本の棚田百選」にも指定された星野村を代表する広内・上原の棚田は 425 枚、137 段。大小の石の組み合わせによって描かれる幾何学模様が端正な美しさを生み出す。石は、田んぼを開墾する際に出たものが使われる。出てきた順に積み上げていくため、小さな石の上に大きな石が載ることもある。大き過ぎる石は火で炙って水をかけ、小さく割ってから使う。大きな石、小さな石が一見、無秩序に積み上げられたことで現れた幾何学模様は、日本を代表するランドスケープアートだ。こうした棚田が星野村には 20 か所以上ある。

そしてこのランドスケープ作品群は、食料を得るための目的であるとともに、災害時の緩衝としての役割も担っているという。全ての棚田に当てはまることではないだろうが、土砂災害への防備として作られ始められた可能性があるらしいのだ。

棚田をつくるために石を積んだのか、石を積むために棚田をつくったのか。生活のため、命のため、村人同士の繋がりのため。いずれにしても、営みから生まれた「用の美」棚田は星野村の人々にとってアイデンティティの象徴であるに違いない。

そして星野ブランドのナンバーワンは、高級茶「玉露」で知られる「星野茶」だ。星野村に居るとお茶づくし。どこに行っても「まずはお茶」からはじまる。

その棚田とお茶の国を未曾有の大災害「九州北部豪雨」が襲った。2012 年 7 月 11 日から降り始めた雨は、13 日の午後から 14 日の午前中まで集中的に星野村に降り注ぐ。村のいたるところで山崩れが発生し、土

石流が石積みの棚田や茶畑に襲いかかった。幹線道路を含む多くの道路が寸断され、星野川は荒れ狂う濁流となって民家へも流れ込んだ。3 日間降り続いた雨は、美しい村に大きな傷跡を残した。

その日から 10 年間近くが経った。崩れたままの石積みの棚田、猛威を振るった星野川の護岸は真新しいコンクリートで補修された。その白さが眩しく痛々しい。しかし棚田を元どおり再興しようと奮闘する人々もいる。一つひとつ石を積んでいく。その中心は学生ボランティアなど若い力だ。(2016 年 2 月取材)

福岡県

八女市
星野村

注ぐ雫が金となってゆらめく 夕日色の星野焼

源太窯　山本源太

　芯に光沢を含みながら、それをしっとりと包み込むような深い赤銅色の茶器。一服の星野茶が注がれると、器は金の光に満たされ、言葉に尽くしがたい景色が現れる。

　かつて江戸時代、星野焼は久留米藩の御用窯として営まれていた。八女茶の産地という土地柄、茶葉を保存するための茶壺や茶道具が作られていたが、明治中期に当時最後の陶工が廃業して以来途絶えてしまい、長い年月が過ぎていた。昭和44年にこの焼き物を再興したのが山本源太さんだ。

　源太さんは、鳥取県船岡町（現・八頭町）の出身。星野焼との出会いは、陶芸を志して窯元で修行をしていた小石原村でのことである。現地にあった工芸館の正面に、夫婦のようにふたつ並んでいた大きな茶壺が、星野焼だった。その陶器が持つ、九州らしい力強い骨格の太さと、優美でやさしい曲線を描くふくらみ。伝わってくるものがあった。将来こういう焼き物をやりたいと心に決めた。

　星野焼が途絶えてから80年もの長い歳月が過ぎており、当時の作陶の様子を直接知る人はすでになく、聞き伝えの話が伝説のように残っているだけであったが、現存する星野焼と、星野の土地そのものに情報はたくさん詰まっていた。

　八女から星野村まで上がってくる道はたいへんな坂道で、馬で登るのも困難とされていた。車がなかった当時、他所から土やうわぐすり（釉薬）が入ってきたことは考えられず、村内で土を探すところからはじめた。山肌が崩れたところに粘土を見つけ、石や木の根が混じるそれを精製して使ってみたが、ろくろに乗せても思うように動かない。収縮率も高く、整形したものを焼けば3割（一般的な陶土の収縮率は1.5〜2割）も縮んでしまう。

　試作を繰り返す中、自分にしか出来ないものを作りたいとか、デザインしたいという思いはちゃちなものに感じられた。江戸時代に、この陶芸を作ることが出来た当時の人々の知恵に圧倒された。ここの土でおのずと生まれてくる形こそが、星野焼。そこが足がかりとなった。釉薬も、ここでしかできないものがある。目の前の川で流れる水も、その土地に関心がないとただの流れでしかないものが、星野焼の工程を支えてくれている。土地というものの生命力、どこから何を得て今、自分がいるかに気づくことで、ずいぶん違う実感が伴ってくる。

　取材した2016年の初頭、めずらしく大雪が降り積んだ日があった。「隣組の新年会があって、皆を送り出して外にでてみたら、一面の雪景色の上にかかる満月。枝に積もった雪に、月明かりがぼんぼりみたいに映えて。他の人にはどう映ったか知らないけど、ぼくにとっては奇跡的に美しい風景に見えたよ」と源太さん。土と自然と呼応しながら、今日も星野村での試作の日々がある。

子どもと親と地域が 未来に種撒く山村留学

星野村山村留学センター「星の自然の家」

建物の扉を開けると、わっと元気な声が飛び込んできた。「やった！取った！」「もう一回！」子どもたちが輪になってかるた遊びに興じている。外では細く丸めた新聞紙を使って、チャンバラごっこも始まった。こうした遊びを思いきり楽しむ子どもたちに出会うのは、随分久しぶりだ。

ここは、山村留学の子どもたちが暮らす場所、星野村山村留学センター「星の自然の家」。この取組みは平成2年にスタートし、今年で32年目を迎える。留学受け入れは小学3年生から6年生まで。1年間という期限がある。子どもたちは共同生活をしながら、地元の小学校に通い、山村ならではの体験を重ねていく。取材した平成27年度は、学年も様々な男子5名女子3名、計8名の子どもが留学中だった。彼らがやって来るきっかけはそれぞれで、たまたまテレビや雑誌で取り上げられているのを見て関心を持ったり、口コミによるものだったりする。元々の居住地も様々で、近隣の久留米市からの子もいれば、遠く関東からやってきた子もいる。施設の規模や指導の行き届く範囲もあり、受け入れ数は限られているが、毎年定員以上の希望者があり、全ての親子に面接をして選考を行っている。

ここでの生活は、テレビを見ることができない。ゲームも携帯電話もない。朝は6時に起床、掃除当番があるし、日々の洗濯だって自分でやる。剣道と和太鼓の稽古への参加は必須。自宅に戻れるのは、夏休みと冬休みのみだ。それらの事も説明し、できるかどうかを親子に問う。留学予定の年に小学3年生になる子は、面接時にはまだ2年生。子どもだけでなく、親にとっても勇気ある決断となる。

山村での生活は、案外忙しい。はじめは緊張していた子どもたちも、ホームシックはそこそこに、すぐに仲良くなって遊びだす。土日の過ごし方に、山村留学ならではの大きな特徴があり、自然の中で存分に遊ぶ事はもちろん、タケノコ掘りやお茶摘み体験、田植えの手伝い、稲刈り、もちつき、お祭りなど、自然体験や地域の行事に呼ばれて参加することが多い。子どもたちにとっては都会でなかなかできない事が体験できる機会だ。

山村留学センター長であり、子どもたちの指導にあたる石川信男さんは、こう語る。「1年たって、何が変わるかっていうと、変わらんです。自宅に戻って、3日くらいはここの暮らしと同じように、しっかりお手伝いをしたり、挨拶したりするけれど、4日目には戻ってしまうこともある。子どもだから、しょうがないんですね。劇的に変わるわけではない。けれど、たかが1年、されど1年。5年後、10年後、20年後、ここでの暮らしがどこで花開くかは、ぼくらも分からない。この先、自立する時に手助けのひとつになってくれたらと。この子たちがここにいた意味っていうのは、子どもの数だけあるから」

目には見えないけれど、山村留学を経験した子どもたちにとって、星野村は人生を見守り続けてくれる心のふるさとになるのだ。

※「星の自然の家」は令和3年度で休止。再開は現在未定。

湯布院町 塚原地区
TSUKAHARA
Oita / Kyushu

住民主体で守られてきた、雄大な農村景観

湯布院町塚原地区。大分県における畜産発祥のこの地は、標高1,583メートルの由布岳を望み、初夏には、青々とした草原の上を爽やかな風が吹き抜ける牧歌的な風景が広がる。湯布院から車で10分、別府市までも30分と便利な場所にありながら、手付かずの雄大な大自然が残る塚原地区は、周囲の集落から孤立した立地ゆえ、昔から行政頼みでない住民主体による地域づくりが行われてきた。

もともと農村地だった塚原が観光地として注目されてきたのは、ここ20年ほど。この景観に惚れ込んで移り住んできた人々が中心となって観光協会が設立され、「塚原高原」という名前が知られるようになった。三大薬湯の一つ、塚原温泉は古くから湯治場として栄えてきた全国的にも有名な秘湯だ。活火山・伽藍岳(がらんだけ)の中腹より自噴する源泉を利用した100%かけ流しの湯。その泉質は強い酸性で、金属の腐食がとても早い。20分ほど湯に浸かったが、シルバーの指輪がかなり黒く変色していて驚いた。

塚原は141世帯、人口340人ほどの小さな集落だが、大きく分けて3つの暮らしが混在する。先祖代々、この地に生まれ農業を営んできた人々の暮らし。終戦後の開拓で酪農を始めた人々の暮らし。そして、1980年代以降、この地に魅了されて移り住んできた、観光を営む人々の暮らし。それぞれ、歴史も背景も異なるが、住民がこの大自然の恩恵を享受できるのは、昔から脈々とこの土地を守ってきた先人たちの努力の賜物といえる。

遮るもののない広大な土地。ここに目を付けた事業者が新たな事業を興そうとする度に、地区内では賛成、反対に意見が分かれ、地道な対話による折り合いがつけられてきた。政治的な意見は違えども、その根っこにあるのは、「塚原の景観を守り、持続可能な発展を目指す」という共通の理念だ。

「日本で最も美しい村」連合に塚原地区として加盟し

たのが平成13年。多くの市町村が行政単位で加盟しているのに対し、塚原は数少ない「地域」としての登録で、その人口は「日本で最も美しい村」としては最もミニマムな集合体だ。登録されている地域資源は、「雄大な農村景観」と、450年前から続く「甘酒祭り」。その年に出来た新米で甘酒を造り、五穀豊穣を祈る大切な行事だ。

秋になれば高原一帯にコスモスが咲き乱れ、冬になれば静寂な白銀の世界に包まれる。季節は巡っても、人々の心にはいつも霊峰由布岳がそっと寄り添っている。(2018年7月取材)

道なき道を切り拓く、父親ゆずりの開拓精神

コテージ＆カフェ「恵里菜」　熊谷美保子

大阪で２年、飲食の仕事に携わった後、15年前にこの地に戻って宿泊業をオープン。予定では、３人の子育てが一段落したら海外へ飛び出して、心置きなく第二の人生を送るつもりだった。「地元に戻るつもりは、まったくありませんでした」

事情が変わったのは、父親が残した土地を分け与えられたことから。福岡生まれで、第二次大戦中、予科練の特攻隊を経て、戦争を生き抜いた美保子さんの父は、終戦後、17歳で塚原に開拓者として入植。鍬一本で、作物ができるまで10年の歳月を要したという。一方、母は樺太からの引き上げ。そんな両親のもとに生まれ、子どもの頃は「開拓もん扱いされるのが嫌だった」という。一刻も早く塚原を出たくて仕方なかった。それが、父から譲り受けたこの地に出会って変わる。

「この高台からのロケーションは抜群で、ここからの景色を見た瞬間、この土地を残さなくちゃいけないと決心したんです」

父親譲りの開拓者魂に火が付いた瞬間だった。とは言っても当時は見渡す限りの原野で、美保子さんいわく「海外以上の海外」。いちからユンボの使い方を覚え、土地の整備も自力で始めた。ゲリラ豪雨が降る度に道が濁流でふさがれ車が通れなくなると、ストックしていた砂を手作業で埋めていった。

宿の敷地の整備はすべて手作業。広大な土地ゆえ、草刈りなどの管理だけでも女手一つでは大変な作業だ。道なき道を切り拓いてきた、まさに現代の開拓者。

「一番、父に似ていたのが私なんです。きっと、父の血が流れているんですね」

宿泊業を始めたのは、当時の観光協会の会長から「塚原には泊まれる場所が少ないので、宿をやれば何とかやっていけるのではないか」とアドバイスをもらったこと。奇しくも父から土地を譲り受ける話が来たタイミングと同じだった。「これはまさに神様の思し召し！」とひらめき、宿の運営に乗り出した。

貸別荘タイプの宿は、メゾネット式のコテージ２棟と、高級感を打ち出した古民家風のコテージ１棟。１年前から始めたカフェは娘さんが中心になって切り盛りする。

「昔ほどではなくても、『九州の北海道』と呼ばれるだけあって雪も降ります。でも何より、ここからの開放感あふれる景色は格別。存分に満喫してほしいですね」

両親とご先祖の「血」を受け継ぎ、故郷で根を下ろしたが「正直、自分でもよくここまで原野を開拓したものだと驚いています」と無邪気に笑う。子どもの頃、親は農作業に忙しく、遊んでもらう時間がなく一人でままごとをして遊んでは、麦畑の中で眠った。

「子どもの頃は逃げたかったこの土地。それが今はかけがえのない、守りたい土地になっているの。年齢のせいかしら。でもここからの由布岳の眺めは最高でしょ」

「安心して暮らせる塚原」を目指して

オーベルジュ「フォレスト イン ボン」オーナー　渡辺 理

　森のなかに静かにたたずむ、１日３組限定の宿とフレンチレストランを併設したオーベルジュ。「ミシュランガイド大分2018」では三ツ星ホテルに選ばれた。

　鳥のさえずりと風の音に包まれた癒しの滞在が楽しめる。母屋のレストランでは、世界的に有名なフレンチ「ポール・ボキューズ」で修業した湯布院出身のシェフを迎え、目にも舌にも楽しめるフレンチがいただける。

　福岡出身の理さんが縁あって塚原の地に移住してきたのが今から24年前。当時は福岡で商売をしていた。結婚して子どもが生まれ、仕事も軌道に乗り始めた頃だった。ゆくゆくはペンションをやりたい。だが、それは子どもが巣立ってからの自分の「夢」として。

　それが20代半ばにして、両親の友人だった前オーナーの所有する母屋を引き継ぎ、まったくの素人から宿を運営することに。「塚原の地を訪れ、ビビビと来たんです。賑やかな湯布院でなく、この塚原でやりたい、そう思いました」。すぐに奥さんを説得し、建物を購入。「今しかない、とすぐにお店をたたんで移住しました」

　ここ塚原地区は、もともとは農村地。理さんのように、惚れ込んで移り住んできた人が商売をはじめたのが現在の観光地としての塚原高原だ。古くから湯治場として栄えた塚原温泉は全国的にも珍しい泉質で多くの湯治客が訪れる。

　「とはいっても塚原のどこを掘っても温泉が湧く土地ではなかったことから、このあたりを『塚原温泉』でなく、『塚原高原』と呼ぶようになり、徐々にメディアに取り上げられるようになりました」

　移住してきた24年前、住民との接点はあまりなかったが、子どものＰＴＡ役員などを通じて、徐々にかかわりが増えていった。年月をかけて、地域活動などにも積極的に参加することで、少しずつ地域の一人として受け入れてもらえるようになった。

　「塚原の土地と自然を守ってきたのは、昔から住む方たち。自分もその一人としてともに汗を流し、地域に貢献する気持ちでいます」

　これまでも、新旧を問わず、すべての住民が一丸となって「安心して暮らせる塚原」を目指して、市や県に要望を出すなど、その実現のために働きかけてきた。

　「『日本で最も美しい村』連合に加盟した時も、スタートは一緒です。古くからの農業と新しい観光が少しずつ接点を持って、お互いに協力し合いながら、目指す地域づくりのために行動を起こしてきました」

　今後のテーマは「塚原の情報発信」。「地域内にお金が循環するシステムを確立させることと、塚原の景観を活かした観光戦略を練り上げていきたい」と意欲を見せる。

　この先、敷地内に新たな母屋を建て客室を増やす計画もある。

　「社会人と専門学生（取材当時）、二人の娘が宿の運営にも興味を持っているのが嬉しいですね」

❶ 由布岳

標高 1,583 メートルの活火山。山体が阿蘇くじゅう国立公園に
指定されている。塚原高原のどこからでも望める。

❷ 伽藍岳（がらんだけ）

標高 1,045 メートル。別名を硫黄山と言う。ブクブクと音をたてる噴火口が見える。
山頂は草原で360度の展望が開け、塚原高原がよく見わたせる。

❻ 自然食ゆうど

オーガニック・キッチン＆カフェ。
和洋折衷の穀類菜食でからだのリセット、体内
浄化につなげる。グランピング『the sense of
wonder holistic glamping』を隣接。

❼ 乗馬クラブ クレイン湯布院

初心者から上級者まで、乗る人のレベルに合わせたプ
ログラムをご用意。馬に乗ってみたいという気持ちが
あれば、ぜひお立ち寄りを。

❽ オニパンカフェ

天然酵母パンとおいしいサイフォンコーヒー。モーニ
ングパンセットとランチパンセットは前日までの予約
が必要。

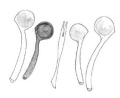

❾ 匙屋（甲斐のぶお工房）

大分県産孟宗竹、島根県匹見産のミズ
メ材を使い、スプーン・フォーク・ナ
イフ等のカトラリーを制作、販売。

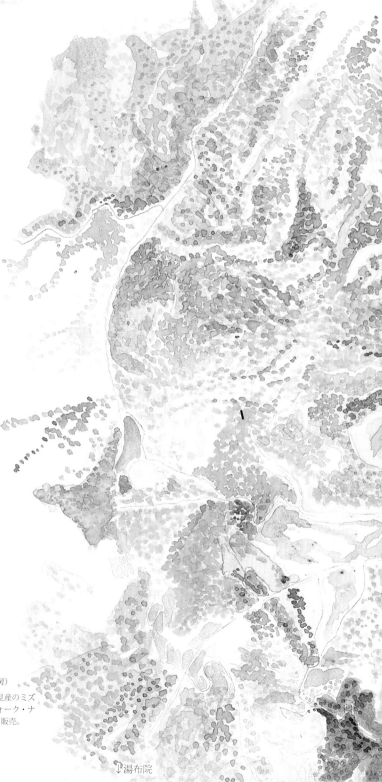

↓湯布院

❸ forest inn BORN

塚原高原の森にたたずむ1日3組限定の上質
空間。館内は建築家アルヴァ・アアルトが設
計した家具で統一され、聞こえてくるのは風
の音と野鳥のさえずりのみ。

❹ te～（てから）

湯布院塚原高原観光協会公式セレクトショップ。
湯布院塚原高原の「人」「暮らし」「モノ」に焦点
をあてたアイテムを揃えている。

❺ みるく村 Lait Village

牧場ならではの搾りたてミルク、自家製ジェラー
トが味わえる。シェフ自ら育てた自家菜園の野
菜をふんだんに使った自慢の料理をご用意。

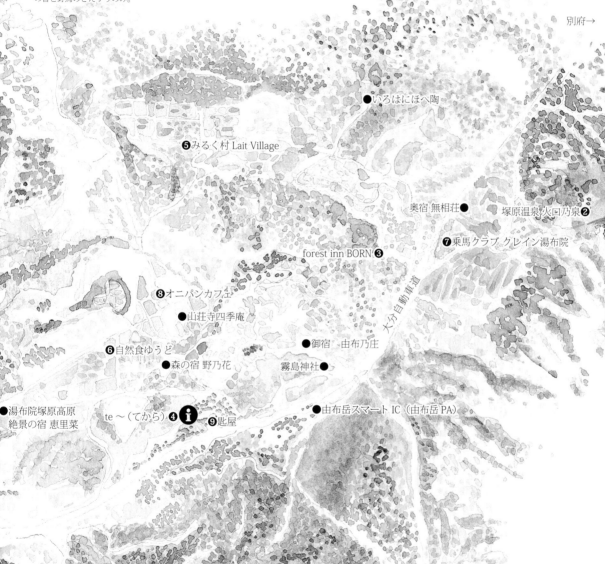

別府→

●いろはにほへ陶

❺みるく村 Lait Village

奥宿 無相荘●

塚原温泉 火口乃泉❷

❼乗馬クラブ クレイン湯布院

forest inn BORN❸

大分自動車道

❽オニパンカフェ

●山荘寺四季庵

❻自然食ゆうど

●御宿 由布乃庄

●森の宿 野乃花

霧島神社●

●湯布院塚原高原
絶景の宿 恵里菜

te～（てから）❹ ⓘ

❾匙屋

●由布岳スマート IC（由布岳 PA）

❶ 由布岳

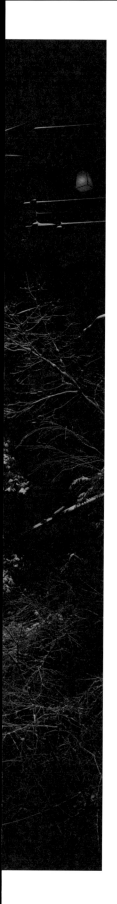

南小国町
MINAMI OGUNI
Kumamoto / Kyushu

住民の主体性が尊重される土壌

阿蘇くまもと空港から車で南小国町に向かう。約1時間半のドライブは、世界最大級という阿蘇のカルデラ地形ならではの起伏に富み、視界には美しい草原や雄大な景観が広がる。南小国町は外輪山を越えたふもとにある。面積の85%が山林や原野で、農林業や牧畜をなりわいとしてきた。現在は地域ぐるみで景観整備に取り組んできた黒川温泉が国内でも人気の温泉地となり、多くの観光客が心なごむ田舎の原風景を求めてこの町を訪れる。

南小国町は九州最大の河川、筑後川の源流域だ。豊富で清らかな水が大地を潤し、あらゆる生命の源となっている。黒川温泉や満願寺温泉など良質な湯がこんこんと湧き、小国杉という立派な杉が育ち、米や野菜がおいしいのもすべて水の恩恵だろう。熊本は「火の国」、そして豊かな「水の国」でもある。

この町を訪れて感じるのは、ありのままの自然の心地よさ。そして、他力本願ではなく、自分たちの地域のことは自分たちで決める、という地元の人々の自立心や当事者意識の高さだ。やる気があって、お互いの顔が見えるつながり。それぞれの意見や想いを活発に話し合えるおおらかさと、住民の主体性が尊重される土壌がある。

南小国町は30年近く前から民のパワーを中心に、地域おこしに挑戦してきた。基幹産業が低迷し、ふるさとの未来に希望が見出せないなかで、この閉塞感を何とかしたい。その想いが当時の若手後継者たちを奮い立たせ、周囲の人々の心にも火をつけたという。点と点が線になり、面につながってゆく。あるものを生かして磨きをかける。行政に依存するのではなく、できることは自分たちの手でやってみる。こうと決めたら信念を貫く「肥後もっこす」タイプが多いことも動きに弾みをつけたようだ。その気風を受け継

ぐ若い世代に未来のバトンが託されようとしている。南小国の人々は、美しい四季や自然のリズムに沿って丁寧に暮らし、ふるさとを慈しむ手間を惜しまない。とれたての野菜を分け合い、思いやりを持ってお互いに協力しあうコミュニティも健在する。貨幣経済では可視化できない奥の深い心のゆとりや豊かさがある。「なあんもなかとですけど」。あっけらかんといえる素朴さがいい。ここにいるだけで、ささやかな幸せを感じる。（2014年11月取材）

南小国町

熊本県

地域ぐるみで温泉街の風景を作りあげる

旅館山河　後藤健吾

国道442号線沿いのガソリンスタンドから曲がり、緩やかな坂を下ると、美しい木立に包まれた黒川温泉郷が見える。素朴な田舎のたたずまいに心が安らぎ、移ろいゆく四季の自然美に魅了される。アプローチからすでに、黒川温泉のおもてなしは始まっている。

黒川温泉は年間に約100万人の観光客が訪れる全国でも人気の温泉地だ。しかし、かつては閑古鳥の鳴く無名の温泉地だったという。そのなかで「新明館」の後藤哲也さんは、3年の歳月をかけて旅館の裏山をノミと金槌で削り、伝説の洞窟風呂を掘った。

自然と調和する田舎の原風景に回帰し、もてなしの心に磨きをかけること。哲也さん独特の美学や理念は、地元の人々にも次第に浸透し、黒川温泉の景観や歴史を変える原動力となった。

「旅館山河」を営む後藤健吾さんは、哲也さんの弟子の一人。「旅館山河」は黒川温泉の中心部から少し離れた森のなかにひっそりと佇む洗練された宿だ。自然が織りなす空間の心地良さや、どの角度から見ても絵になる風景の美しさに、訪れる人は心を奪われる。

昭和50年代に入り、健吾さんや同世代の旅館の後継者たちはUターンなどで相次いで地元に戻ってきた。当時、さびれた黒川温泉のなかで唯一、賑わっていたのが洞窟風呂の

ある「新明館」だった。

健吾さんの実家はもともと酒屋を営んでいて、健吾さんの父が温泉を掘って旅館を始めたそうだ。現在の「旅館山河」の洗練された雰囲気からは想像がつかないが、当時は粗末な建物で、送迎を手伝っていた健吾さんはお客さんを連れてくるのが恥ずかしくてたまらなかったという。

「うちは黒川温泉の中心部から少し離れているでしょう。温泉街を通過して、うちの旅館の前でお客さんを降ろすとがっかりされる。私は何とかしたいといつも思っていた。すると、後藤哲也さんが『木を植えてみてはどうか』とおっしゃったんです」。

健吾さんは哲也さんの助言に従って、旅館敷地内に雑木を植え始めた。最初はよくわからずに公園のように植えた。それを見た哲也さんは、山にある自然の風景のように植えなければダメだと諭した。健吾さんは、一流の造園家の本や写真集をかたっぱしから見て勉強し、雑木の奥深さにのめりこんでいった。

四季を感じさせる美しい雑木林の風景は見ていて飽きない。自然を生かした本物の風景こそが、人々の心に安らぎや感動をもたらしてくれる。「雰囲気のない露天風呂はダメで、周りの風景と自然につながるような露天風呂をつくらにゃいかん。よそから自分たちの黒

川温泉の姿を見ることが大切だ」。哲也さんから多くのことを学びながら、健吾さんは雑木を植え続けた。

30年前の黒川温泉は、個人の看板や、畳1〜2畳もあるような派手な看板が乱立し、駐車場は草だらけの殺伐とした風景だったという。昭和61年に旅館組合の組織が刷新され、若手メンバーを中心に環境班と看板班、企画班を結成。組合での植樹活動や入湯手形の発行が始まり、各旅館が連携して黒川全体を盛り上げる機運が高まった。

黒川温泉を訪れた人々が気持ち良く散策できるように、組合でも公共の場所に植樹を始めた。「最初は旅館の敷地外なので、『なんでそぎゃんことばせないかんとか？』と思った人も、一緒にスコップで穴を掘り、汗を流すうちに作業が楽しくなる。自分で植えた雑木にも愛着がわくんです」。さらに翌年には、個人の看板を一斉に撤去して共同案内板を作るなど、黒川全体を俯瞰した景観整備が本格的に動き出した。

地域ぐるみで植樹を続けた結果、黒川は独特の風情が漂う温泉地に姿を変えた。「黒川全体がひとつの旅館。点在するそれぞれの旅館が部屋や離れで、それらを有機的につないでいるのが雑木林です」。自然に溶け込んだ美しい田舎の風景こそが黒川温泉の原点であ

り、訪れる人々への何よりのおもてなしだろう。「都市と対極にあるものに磨きをかけること。風景も五感を過剰に刺激しないことが大事です。私たちもそういう生き方をしていかなければと思います」

南小国町が「日本で最も美しい村」連合に加盟した時、健吾さんは嬉しかったという。健吾さんは、黒川温泉のアプローチとなる国道212号線や、国道442号線沿いの風景もできれば地域ぐるみで道路脇の杉の間伐などを進めて、心地良い風景にしたいという想いがあるそうだ。杉山も手入れが行き届いていれば美しい。

「昔は杉山も裸足で歩くことができたし、すべてのものが生活のなかで循環していました。田んぼでも杉山でも手入れされたところには心がこもっています。祖先が守ってきたふるさとです。そういう風景を維持できれば素晴らしい町になると思います。そのためにも、美しい村づくりに向けた今後の町の方針をしっかりと打ち出してほしいですね」

黒川温泉では今、若い後継者たちの動きが活発だという。「私たちも若手に引き継ぐ時代になりました。若手主体で多くのことに挑戦してもらいたいですね」と健吾さんは語る。黒川温泉の根底にある理念は、次の世代にも着実に受け継がれようとしている。

地元野菜や自分たちでつくった食事を囲む豊かさ

野風ムラ　河津耕治

　約25年前の1990年代に小国郷で地域おこしが始まった頃、耕治さんは30代だった。

　「当時はみんなが都会に憧れ東京の価値観が素晴らしいと信じて、東京に比べたら自分たちにはいいところなんて何もない、と思っていたんです。でも、人々の優しさや自然の豊かさを生かして、都会とは全く逆の価値観を作れば、必ず都会の人はやってきて、お互いに交換できるものがあると思いました」

　耕治さんは70アールの土地を自らの未来を描くキャンバスに見立て、少しずつクヌギなどの雑木を植え始めた。お金や物欲に執着しなくても、安心や幸せを実感できるような、都会とは全く違う価値観に根づいた癒しや安らぎの空間を作りたい。その想いから20年の歳月をかけて、山で枯れかかった木々を野風ムラの敷地に移植したり、300本以上の雑木を植えた。

　「ここにあるのは、全部助かった木です。死んどったけど、命をつないだ木なんですよ。人に助けられた木だからそのご恩返しなのか、疲れてここに来た人を癒してくれるんです」

　耕治さんは自然との共生や癒しをめぐる様々な取り組みをしているが、「最も人を癒すのは食事だ」という。「地元の野菜や自分たちで作った食事をみんなで食卓に集まって一緒に食べると、心が開いて和やかになる。その時が一番癒されるし、心に残りますね」。

　中湯田地区には野風ムラのほかに2軒の農家民泊がある。「カフェ果林」も加わり、集落のなかで食事や宿泊を通じた新たな交流が増えることを耕治さんは期待している。

　「この集落で暮らしている16軒は、みんな家族です。いざ何かあったら、家族と同じ助け合いをすると思うし、ひとつの家族よりも16軒が集まった家族のほうが強い。そういう良さを地域づくりで磨いておけば、都会の人が来て感激したり、またここに来たくなる。都会とのギャップがあるほど魅力的で、お互いに分かち合えるものが大きいと思います」

　ここ数年、小国郷にはUターンや移住者が増えているという。「若い人が帰ってくるとエネルギーがわきますね。お年寄りだけじゃなかなか新しい発想ができなくて、何かやるにしても『もうよかばい』みたいになるけど、若い人は次々にアイデアが出てくるからお互いにいい刺激になります」。妻の玲子さんは語る。野風ムラの夜は静寂の闇に包まれ、空には天の川が流れる。都会からやってきた人は、今にも降ってきそうな星の多さに驚くという。

　南小国町に地域おこし協力隊として移住してきた女性が「南小国はブータンに似ている」と言ったのを聞いて、耕治さんは嬉しかったそうだ。国内総生産（GDP）よりも、国民総幸福量（GNH）を意識する心豊かな国になれば、世の中はどれだけ暮らしやすくなるだろうか。「今の時代が行くところまで行き着くと、既存の都会の価値観では幸せになれないことがわかるだろう。そして、時代がまわれ右をした時、自然豊かな田舎の良さを守って大切にはぐくんでいるところが一番先頭になると思います」

美味しい野菜料理が自慢の、農家民宿の草分け的存在

さこんうえの蛙（かわず）　河津正純、慶子

　さわやかな秋晴れの日、中湯田地区で平成9年から農家民宿「さこんうえの蛙」を営む河津さん夫妻を訪ねた。「今、布団を干すから、待っとってね」。慶子さんは布団を抱えながら庭を機敏に走り回っていた。桜色のコスモスの花が揺れ、庭には鈴なりのキウィフルーツが実っている。生活用水として使う裏山から流れる山水の音が心地よい。

　「さこんうえの蛙」は農家民宿の草分け的存在で、創意工夫に満ちた野菜料理が人気の宿だ。肉や魚を一切使わず、自家製や地産地消にこだわる。阿蘇の溶岩で作ったピザ窯や五右衛門風呂もあり、農村ならではの心豊かな時間が過ごせる。

　福岡のデパートに勤めていた慶子さんは、独身時代に旅行先の阿蘇で正純さんと知り合い、南小国町に嫁いだ。結婚当初は農業について何も知らなくて、料理も目玉焼きしか作れなかったという。「中湯田のお祭りがある時は、集まった野菜で料理を作るんです。みんなが作るのを見て、お煮しめのだしの取り方や料理の基本を習ったの」

　農家民宿を始めた原点は、56歳の時に一人で挑んだ人生初の海外旅行だった。「パースに留学中の娘に会いたい」。慶子さんは募る想いを抑えきれず、渡豪を決意。英語も話せず不安だったが、親切な関西の大学生のおかげで何とか飛行機を乗り継ぎ、パースに到着した。入国審査では緊張で体が震えた。無事に娘さんとの再会を果たした時、「もう、何も怖いものはない」と度胸がついたという。

　慶子さんは現地で初めて農家民宿に泊まり、食事の質素さに驚いた。「これならば私にもできる」。勇気をもらって帰国した。家を改装して農家民宿を始める時、正純さんは慶子さんに言った。「農家の嫁だからあるもんでせろ」と。自らの手で作ったものに付加価値をつけて、お客さんに喜んでもらうことが大切だからだ。

　「農家が生き残っていく柱のひとつとなる方法が農家民宿です。農作物を育てて売るのには限界があるけど、人の交流から生まれる可能性は無限大。良い都市があるためには、良い農村があるべきで、農家民宿を一番楽しんでいるのは家内だと思います」と正純さん。

　南小国町が美しい村に認定されていることは歓迎だが、村の活性化にどうつながるのか。

　「美しい自然景観だけではなく、そこで暮らす人たちがいきいきと輝いていてこそ本当の美しい村だと思うんです」

　慶子さんは時間があればヨーロッパなど海外を飛び回る。視野を広げることが自分の料理の刺激にもなるという。「ひとつの道を見つけたら、それに向かって努力することが大事よね。人生いろいろあったけど、やっぱりここが一番いい。私は73歳だけど、あと10年は生きたいの」。仲睦まじい2人の姿に人生のお手本を見たような気がした。

©Photo：永岡充男

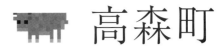

高森町
TAKAMORI
Kumamoto / Kyushu

阿蘇山がもたらす湧水、地質、気候の豊かさ

阿蘇山は、火の国、熊本のシンボルであり、高岳、根子岳、中岳など5つの山々が寄り添うように連なる阿蘇五岳と、火口源を囲む外輪山なども含めた総称をさす。外輪山は南北25キロメートル、東西18キロメートル、周囲128キロメートルにもおよぶ世界最大級の火山だ。火口原には約5万人が暮らし、阿蘇市、高森町、南阿蘇村、3つの自治体からなる。

高森町は阿蘇山の南に位置する人口約6,100人ほどの町(令和4年1月末現在)。高森、色見(しきみ)、草部(くさかべ)、野尻の4つのエリアに区分され、それぞれに特徴ある風土を形成している。

町のシンボルとも言えるのが、阿蘇五岳のひとつである「根子岳」。山の峰が猫の耳のような形をしていることからついた可愛らしいネーミングに反して、ギザギザと切り立ったノコギリ状の稜線は猛々しく男性的だ。そして、阿蘇山の伏流水と、地中からコンコンと出てくる湧水。この天然ダムの恵みが、高森の酒、味噌、醤油など豊かな食文化を支えてきた。

高森町には、神話や民話にまつわる地名が多く残り、神社や巨大杉などが点在するパワースポットの町としても知られる。草部吉見神社は鳥居をくぐった後、階段を下ると本殿にたどり着く全国でも珍しい「日本三大下り宮」のひとつ。樹齢700年とも推定される御神木でもある巨大杉は、直径7.7メートル、高さ40メートルを超す大木で、霊験あらたかな雰囲気だ。

上色見熊野座(かみしきみくまのいます)神社は、境内後方に、大きな風穴が貫いた、縦横10メートル以上の「穿戸岩(うげといわ)」と言われる巨大な岩山があり、「どんな困難でも必ず達成できる象徴」として合格やご利益を祈願する人が多い。

時折、硫黄のにおいが鼻をかすめると、中岳火口から上がる白い噴煙を遠目に望む。世界農業遺産にも認定された草原と、その草を食べる、あか牛。火山灰地質を生かして作られる高原野菜。寒暖差によりそのうま味がキュッと引き締まったお米。豊かさが溢れている(2017年2月取材)

地域の農地は地域で守る

農事組合法人　奥阿蘇くさかべ

　高森町の地区で、農事組合法人「奥阿蘇く
さかべ」が立ち上がったのが2015年12月。
メンバーは7人。それぞれが個々で農業に携
わっていたが、広大な農地を管理してゆくに
は、農機具などコスト面でも負担が大きいこ
とから、県から組合法人を立ち上げることを
推進されたのがきっかけだ。
　代表の佐楢見眞一さん（写真中央）は「高
齢化が進み、農業者の平均年齢は74〜75歳。
20代にいたっては5〜6人しかおらず、こ
のままでは農地を守っていけない、との思い
から、法人を作り組織として農地を守ってい
くことになりました」と説明する。住職と農
業、二足のわらじをはく眞一さんを除き、メ
ンバーは専業農家。それぞれ年も近いことか
ら、お互いに気がねなく、好きなことを言い
合える仲。ここ、草部地区は夏でも平均気温
25℃の寒冷地で、寒暖差の激しさは、美味
しいお米作りの大事な気候条件でもある。こ
こで収穫されるお米は、透明な姿でつやがあ
り、口の中に広がる甘みが特徴。
　奥阿蘇くさかべ米としてブランド化してい
るのが「百年の恵」。このネーミングにも草
部ならではのエピソードがある。かつてこの
地には水田がなく、トウモロコシやあわ、ひ
えなどしか作れず、年間収入でわずか5000
円にしかならない時代があった。「この地で
稲作をしたい。なんとしてでも水を引こう」。
村人たちは断固たる意志で結束し、血のにじ
むような努力で水路を引いたのが100年前。
おかげで、ここ草部で米作りが出来るように

なった。いつの日も、その先人たちの知恵に
感謝して、美味しいお米作りを未来へつなぐ、
という思いが込められているのだ。
　ちなみに水路は、上流の湧水を直接引いて
いるので、水田には一切の生活用水が入らな
い。標高630mの気候では、害虫の被害も少
ない。それが、消毒剤や農薬を限りなく使わ
ない米作りを可能にしている。「普通に作っ
ても美味しいのが草部のお米。それにプラス
して、安心、安全にも配慮したお米作りをし
ています。自分たちも美味しいものを食べた
いですし、それを消費者の方にも提供したい」
と理事の1人、佐藤民雄さん（写真右端）は
語る。
　県内では、中山間地での農業法人の立ち上
げは珍しく、難しいとされてきた。平坦地に
比べて、小さな耕地が点在するため管理が大
変で、耕作面積の大規模化が難しく、農機具
などが補助の対象にならないこともあるため
だ。「立ち上げ当初は組織としてやっていけ
るのか、という不安ばかりだった。それが1
年経ち、結果を見て、これからも続けていけ
るという自信がつきました」と民雄さん。
　農事組合が軌道に乗れば、この先Uター
ンなどで集落に戻ってきた若者の雇用の受け
皿にもなる。働き方の選択肢に新規就農とい
う道があることを示してくれるモデルになり
そうだ。血のにじむ努力をして水路を通した
先人たち。100年経ったいま、その魂を受け
継いだ7人が、草部の農業に新たな風穴をあ
けようとしている。

191

宝の森・高森を盛り上げる地域の「愛されびと」

一般社団法人TAKAraMORI　大野 希、加藤誠佑(せいすけ)（取材当時）

　高森にはたくさんのお宝がある、というメッセージを込めた「TAKAraMORI」。メンバーは町づくりのプランナーである大野希さん（写真右端）、フレンチのシェフである加藤誠佑さん（写真左端）など4名。メンバーはみな、もともとは高森町の地域おこし協力隊だ。希さんは福岡県久留米市出身。公園などを作る町づくりのコンサルタントの仕事をしていたが、最後まで仕事を見届けられないというジレンマを抱えていた。「もっと人と向き合う仕事がしたい」と思っていた矢先、人の縁もあって、町の緊急雇用対策で採用され、1年間、草部北部の活性化のためのワークショップなどに取り組んだ。

　その一年間で草部地区の住民との信頼関係を築き、結果、草部南部からも、同じような取り組みを要望されるほど、地域に求められる存在になった。「町にこのまま残ってほしい」。地域住民の願いもあり、現在は地域おこし協力隊員を経て、高森町を活性化させるための体験型プログラム「高森じかん」を企画・運営する。

　このプログラムは、高森町の4つの地域の頭文字「た（高森）」「の（野尻）」「し（色見）」「く（草部）」から取って、「た・の・し・く」暮らすがテーマ。トレッキング、ジビエ料理、田楽体験など、高森の人が講師となって高森の文化、食、歴史、自然など「高森の日常」を伝えている。

　一方、フレンチのシェフである誠佑さんは熊本県生まれ。料理人として県内、県外の各店で修業を重ね、高森に縁があって引越してきた。地域の住民から愛されているまちなかカフェ「Water Forest」では、高森町産にこだわった食材を使ったお野菜たっぷりの、目にも楽しいメニューがいただける。

　「何より水が美味しいのが高森町の魅力。水が良ければ野菜も米も当たり前のように美味しい。自分自身、熊本で育ってきたので、県外よりも、この高森での生活スタイル、働き方が自分にあっています」と誠佑さん。

　この日いただいたナスのスープは、いったん焼きナスにすることで、ナスの風味を限りなく生かした一品。スープの下に置いたカップには、土に見立てたコーヒー豆の粉の上にニンジンを飾るなど、お料理の盛り付けにも心をつかむ工夫が光る。

　「料理人の厳しい世界で生きてきて、それまで料理を楽しむ余裕などなかった。高森に来てようやく、自分が料理好きだったことを思い出しました。ここで働けるのは料理人冥利に尽きますね」と穏やかな表情で語る。

　「地元の人たちは、シェフに会いたくてお店に来てくれるんです。皆さん口をそろえて『加藤さんはいい人だ』って。加藤シェフは人気ものなんです」と希さん。

『TAKAraMORI（たからもり）』は、高森町にある地域づくりの会社。行政主体のまちづくりから、民間活力を活かしたまちづくりへと転換するために立ち上げた組織です。

スピードと情報発信力で、「企業経営」から「町の経営」へ

草村大成　高森町長

　木をふんだんに使った明るく開放的な雰囲気の高森町役場は、各課のカウンターも目線が低く設置され、訪れた来客にとって、親しみやすい印象を受ける。高森町が「日本で最も美しい村」連合に加盟したのが2013年10月。草村町長が、観光まちづくりの専門職員から、その存在を聞いたことがきっかけだった。「これだけの魅力ある町や村が加盟して、美しい村の精神のもと切磋琢磨している。こんな組織があるんだとまず、驚きました。そしてうちの町でも加盟できるなら、と思ったのがきっかけです」

　草村町長は大学卒業後、趣味のレコード輸入と古着の買い付け、飲食店などを経営してきた民間出身者だ。原宿や新宿をはじめ、全国45店舗に古着を卸すなど手広く事業を展開。古着ブームも後押しして、商売人としてのセンスを発揮していた。父親が県議会議員をしていたことから、自身もおのずと同じ道を目指していたが、周囲からも説得され、43歳で高森町の首長に立候補した。

　「僕が首長になった当初、『明るい町』『教育の町づくり』を掲げ、まずは庁舎内を明るくすることから始めました。それまではカウンターは高いし、書類の壁が高く積まれている状態で。まずはその壁を取っ払いましょうと。そして町中の通学路の街路灯もLEDに変えました」

　情報発信をモットーにする草村町長は、高森町のケーブルテレビ「TPC」（高森・ポイント・チャンネル）を使い、可能な限り町の情報を開示。行政、議会の議事録をはじめ、今回の取材の様子なども町職員が録画し、それをケーブルテレビに流している。「住民との情報共有は何より大事。スピード感も必要です。スピードがあれば、万一何か失敗してもやり直しがきく。スピードは最大の付加価値を生むんです」

　それまで真剣な口調だった町長の表情がぐっと柔らかくなったのが、「町の中で美しいと思うシーン」についてお訊きした時。「あくまで私の個人的な意見ですが」と前置きしながらも「月廻り公園から眺める景観が一番ですね。阿蘇は何と言っても神秘的。私自身、ここが好きで帰ってきた。その魅力はやはりこの阿蘇の雄大な景観でしょう」

　2016年4月に熊本を襲った大地震。「あの時は、『日本で最も美しい村』連合の仲間である加盟町村から、たくさんのあたたかいご支援・ご協力をいただきました。地震発生から数日後、まだ余震が続く中でも、連合本部から『何が必要か』といち早く救援物資を届けてもらって。あの時は本当に嬉しかった。何よりお伝えしたいのは、あの時の感謝の気持ちです」

健康推進課　国民健康保険係・介護保険係

健康推進課　健康推進係　地域包括支援センター

総務課（災害見舞金の申請窓口）

総務課

建設課　土木係　住宅係　水道係

政策推進課　政策企画係

観光まちづくり研究所

住宅相談窓口

政策推進課　商工観光係・情報管理係

©Photo：永岡充男

196

椎葉村
SHIIBA
Miyazaki / Kyushu

必要以上は望まない。
自然との共生で知り抜く大切なこと

熊本空港から1時間ほど車を走らせ、総延長2,777メートルの国見トンネルをようやく抜け切る。すると椎葉村に入ったことを知らせるかのように切り立った山々の風景がぐっと迫力を増した。四方を1,000メートル級の山々に囲まれた椎葉村は広大な面積のほとんどが山林で、人々が生活できる平地はごくわずか。厳しい環境の中、先人たちは自然に敬意を払い、山の神様に感謝しながら暮らしを営んできた。

この山深い村には独自の文化が育まれ、古くから伝わる慣習や民俗芸能、精神風土が色濃く残っている。それが、今も人々の暮らしに息づいているところが特徴的だ。平家の落人伝説にはじまり、26の地区で奉納されている神楽、ひえつき節をはじめとする多くの民謡、そして家族や地域の枠を越えて協力し合う「かてーり」※の精神。お互い様の心を持ち、人のつながりを大事にする椎葉村の人々にとっては、かてーりの精神こそが村の伝統や風土を守り抜く礎になっているのだろう。

村の面積が広いうえに山々が近く、村内でも気軽に行き来することが難しい。そのためか、地区ごとに方言が残っている。そして「椎葉」という名字が村民の3割を占め、村の人はみな下の名前で呼び合っていたり。椎葉村で見聞きすることすべてが、ここにしかない、ほかのどこにも似ていないことの連続なのだ。

さらには、日本で唯一、縄文時代から続いてきた伝統農法である「焼畑」を伝承し続けている村でもある。焼畑は肥料や農薬を一切使用しない自然の摂理に寄り添った農法で、自然を活かし、ともに生きることを大切に考えた日本の伝統的な暮らしの営みだ。かつての日本の原風景が残ることから、平成26年、「日本で最も美しい村」連合への加盟が認められ、翌年には高千穂郷・椎葉山地域が「世界農業遺産」に認定された。これによって村の人々は椎葉村の魅力を再認識し、村で生きることへのたしかな自信と誇りが生まれているという。

今や時代は大きく変わってきた。IT技術が進歩し、都会と地方の情報格差はなくなりつつある。椎葉村にも、山の暮らしを楽しみながら新しい仕事を始めたり、村の伝統的な営みを残そうと活動したりする若い移住者が出てきた。令和2年7月には、図書館や交流ラウンジ、ものづくりラボ、キッズスペースなど多様な機能を備えた交流拠点施設が村の中心部にオープンした。日本の中の秘境と呼ばれる村に、新しい風が吹き始めている。

一方、世の中が急速に変化しても、この村には人々が大事に守り抜いてきた唯一のものがたくさんある。それは普遍的で揺るぎない。椎葉の猟師たちの間で伝えられてきたという「のらさん福は願い申さん」という言葉は、「必要以上の獲物は望まない」ことを意味するそうだ。自然とともに生きる中で、本当に大切にすべきことを知り抜いている椎葉の人々。時代が椎葉村にようやく追いついた、そんな気がしてならない。
（2019年11月取材）

※かてーり（お互いを思いやり助け合う相互扶助のこと）

何だって買わずにつくる「究極の山暮らし」を実践中

地域おこし協力隊「食の継承者」(取材当時)　江崎紋佳^{あやか}

不動産の営業、料理人、バーテンダー、バスツアーの添乗員など、多くの職を経験。海外にも目を向け、世界一周の船旅をしていた時に知人から聞いた発酵食品に興味を持ち、発酵の世界にハマっていった。料理が大好きな紋佳さんは、独学で味噌や漬物をつくり始め、興味の先は日本の伝統食へ。「昔ながらの伝統食を学びたい」と情報収集をしていた時に見つけたのが、椎葉村の「食の継承者」募集だった。「やりたいのはこれ！」と迷わず飛びつき、そのままの勢いで応募。面接で初めて来村した時も、「めっちゃ山やけど住めば都やろうと思った」とあっけらかんと笑う。そのたくましさと屈託のなさが、奈良県出身の紋佳さんをこの村へと引き寄せたように思えてくる。

山深い環境で生まれ、残されてきた椎葉村の伝統食を村の人たちに教わり、再現することが紋佳さんの活動の一つだ。使用する素材は山に採りに行ったり、知り合いに分けてもらったりと「買うのではなく集める」ところも椎葉流。蕎麦のパンケーキ、椎茸のコンフィ、猪のレバームースなど椎葉の食材を活かした新たなレシピの開発も行っている。

そして大事な活動のもう一つが、椎葉に残る在来種の種つなぎだ。椎葉の土地に合う種を途絶えさせてしまうと、もう二度と手に入れることができない。農業未経験だが、畑の大家さんでもある現役百姓のおばあちゃんに教わりながら、ヒエ、アワ、タカキビなどの雑穀を手探りで栽培している。さらに、「4年前には、たまたま知り合ったおばあちゃんが育てていた在来小麦の種を、間一髪でつなぐことができました」と喜びいっぱいに話す。

紋佳さんが、椎葉の食材の中で最も興味をそそられているのが雑穀だという。椎葉の焼畑を唯一受け継ぐ椎葉勝さんの畑で雑穀栽培を学ぶ「雑穀オーナー制度」の企画にもスタッフとして参加し、学びを深めている。

「雑穀はつくるのは簡単ですが、食べられるようにするまでがめっちゃ大変で、だからこそ価値があるのかなと思っています。例えばアワをパンケーキの粉に混ぜて焼いたら、めっちゃおいしくなります。そのおいしさをもっと多くの人たちに知ってほしいんです」

「椎葉の本当の良さは、長く滞在してこそ見えてくる」と紋佳さんは言う。それは、椎葉の魅力が人そのものだからだ。

「椎葉の人はやさしいだけでなく、おもてなし力がすごい。おうちに少し顔を出しただけでも、『何もないけど』と言いながらあれこれ出てきて、『何でもあるやん！』って(笑)。ここに暮らしていると、みんなが支え合いながら生きていることが伝わってくるんです。毎日が楽しいし、本当に来てよかったです」

「ものは買うよりつくる」という古くからの山の暮らしを心から楽しんでいる。満面の笑みがそのことを物語っていた。

この村なら何か新しいことができる

尾前設計合同会社 代表社員　尾前一日出

　村の中心部から、耳川に沿ってくねくねと山道を登ること40分。その先には山々が織りなす絶景を眼下に望む、いとも開放的な古民家があった。外壁はなく、太い梁にブランコがぶら下がり、屋根には庭へと滑り降りる竹の滑り台がかかっている。常識を超えた遊び心あふれる空間に心が躍る。

　ここは村で設計事務所を営む一日出さんが、築150年の古民家を改装してつくり上げた遊び場兼事務所。建物の一角に小さな事務所スペースはあるが、目立つような看板はなく、「仕事をするより遊びたい」という一日出さんの思いが現れている。

　中学卒業と同時に村を離れ、宮崎県の中央部にある新富町で大工の修行を始めた。営業や現場監督を経て一級建築士として腕を磨いてきたが、42歳の時、家族とともに椎葉村に戻ってきた。「外に出ても、椎葉で育ってよかったなという思いが自分の中にずっとあって。当時3歳、4歳の娘たちをこの村で育てたいと妻を2年くらい説得して帰ってきました。今では娘たちも妻も、帰ってきてよかった、椎葉で育ってよかったと言ってくれて。大成功ですね」

　村でのんびり暮らし、仕事はそこそこにしようと思っていたのも束の間、帰ってきてすぐに設計の仕事が次々と舞い込むようになり、ゆっくりすることもままならなくなった。「時代に逆行したくて戻ってきたのに、と最初は違和感もありましたが、村全体に光回線が通ったことで田舎にいながら都会と変わらないスピード感で仕事ができるようになり、

村にいることが逆に武器になりました。子どもたちは椎葉から出て行くけど、今は帰ってきて起業ができるチャンスの村ですよね」

　移住した時期と時代の流れが噛み合い、秘境と言われる村で設計事務所の仕事を難なく成立させた一日出さん。住宅だけでなく村内の公共施設も手がけ、村唯一の一級建築士として活躍してきた。だが、「せっかく椎葉に帰ってきたのにのんびり暮らせていない」ことが心のどこかに引っかかってもいた。一日出さんはその思いを晴らしたいと、Uターンから5年目、中心部から離れた場所に遊び場をつくろうと思い立った。

　「道路も何もない森に、かつて叔父が住んでいた空き家が一軒あって。ここを遊び場兼事務所にしようと思った時に、集落一帯でこんなことがやりたいというイメージスケッチを描いたんです」。一日出さんはそう言うと、一枚のスケッチを見せてくれた。そこには展望デッキ、ツリーハウス、ウォーキングコース、ジップラインなど実現したいアイデアがいくつも描き込まれている。そのスケッチをもとに、古民家周辺の山林の木や竹を自ら伐採して散歩道を整備し、ツリーハウスやジップラインなどの森遊びができる場をつくってきた。森づくりを始めて12年が経った今、そこに描かれた夢は一つずつ形になり、一日出さんがつくる「トムソーヤの森」は、村内外の人々が訪れる椎葉の遊びの拠点になった。しかし、なぜここまでやるのだろうか。そこには、村の子どもたちへの思いがあるという。

「今の子どもたちは椎葉のよさがわからないまま外に出てしまうのでもったいない。自分が山の中で遊んで育ったように、今の子どもたちも山で思いっきり遊んで、椎葉のよさを体感してほしいんです」

この森を象徴するのが、高さ13〜28メートルという合計5つのツリーハウスだ。中でも28メートルのツリーハウスは日本一の高さを誇る。

「あと2メートルで世界一やけど、あんまり急いでも仕方ないので3年くらい経ってからゆっくり上げようかな」と余裕の表情だ。この高さ、一見危険なようにも思えるが、「危険なものから遠ざけるのではなく、子どもが自ら考え行動する場をつくりたい」という考えあってのこと。ここに来ると、大人も忘れかけていた冒険心を駆り立てられ、自然と子どもに戻ってしまうのだ。

そして一日出さんのツリーハウスづくりは感覚こそが頼り。「何でも実験するんです。計算ほどあてにならんもんはない」と大きく笑って言いのける。子どもの頃から山で遊び尽くしてきた一日出さんの身体には、自然の感覚が染み付いているのだろう。設計図はなく、木の状態を見ながら即興でつくり上げていく。

日本一のツリーハウスを実現しても、一日出さんの挑戦は終わらない。次は、「日本一長い」という500メートルのジップラインを設置しようと準備を進めているそうだ。

「僕はやるからには日本一をめざしたいし、何でも続けることが重要かなと思うんです。

とにかく進化し続けています」

楽しいことに本気で取り組む一日出さんの姿に感化され、一人、二人と森づくりの仲間は増えてきた。平成26年に「尾前里山保全の会」を自ら立ち上げ、今では同じ地区に住む役場職員や林業家など職業や年齢も多様な15人が集まっている。仲間が所有する山林も合わせて20ヘクタールを再生しようと計画中で、仲間の数だけ規模は大きくなってきた。この森づくりによって、集落にも少しずつ活気が生まれているという。

さらには、子どもたちにツリーハウスづくりを体験させたいと近隣の小学校に提案し、授業の一環として一緒に作ったり、小学校の教員の研修で、子どもが自然と遊ぶことの大切さを伝えたり。一日出さんの活動は森づくりにとどまらない。

「これからは若者が椎葉に魅力を感じるような村づくりに挑戦していきたい。そのためには、この活動をエンドレスでやりながら、グレードアップしていくことしかありません。つまりは、日本一をどんどん増やすこと。外に出て行った子どもたちが僕らの活動を見て、『この村なら何か新しいことができる』と感じて、実際に村に戻ってくる。そんなことを実現したいですね」

大人が村の子どもたちのために、本気で楽しみながら汗を流す。そんな姿は、村外に出た若い世代に勇気を与えるはずだ。

小値賀町
OJIKA
Nagasaki / Kyushu

人々の静かな祈りが息づく場所

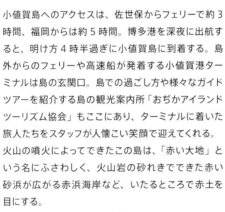

小値賀島へのアクセスは、佐世保からフェリーで約3時間、福岡からは約5時間。博多港を深夜に出航すると、明け方4時半過ぎに小値賀島に到着する。島外からのフェリーや高速船が発着する小値賀港ターミナルは島の玄関口。島での過ごし方や様々なガイドツアーを紹介する島の観光案内所「おぢかアイランドツーリズム協会」もここにあり、ターミナルに着いた旅人たちをスタッフが人懐こい笑顔で迎えてくれる。

火山の噴火によってできたこの島は、「赤い大地」という名にふさわしく、火山岩の砂れきでできた赤い砂浜が広がる赤浜海岸など、いたるところで赤土を目にする。

町の中核産業は漁業だ。ブリやイサキ、ヒラマサなどの一本釣りをはじめ、ウニやアワビ、サザエなど磯の海産物が古くから小値賀に多くの恵みをもたらしてきた。農畜産業では稲作と肉用牛が中心で、この地で育てられた子牛は、全国に出荷され高級なブランド牛として売られるなど、第一次産業の大事な一端を担っている。

島の観光として打ち出している「古民家ステイ」では、「暮らすように滞在する」をコンセプトに、美しくリノベーションされた古民家1棟を貸し切って、快適な島時間を提案する。その一方で、県外からの移住者が、この地に残る伝統構法で作られた昔ながらの日本家屋に命を吹き込み、「自然との調和」をテーマに宿のオープンに向けて汗を流すなど、小さな島ゆえのしなやかな動きが色々と起きている。

小値賀町が「日本で最も美しい村」連合に加盟したのは、平成21年。認定された地域資源は、島の東部に位置する「野崎島と旧野首教会」、「西海国立公園の景観と歴史」。長崎で一番小さな自治体ながら、移住者の数は約180名と人口の8%を占めており、地域おこし協力隊を早い時期から採用するなど、県外の人材を積極的に登用してきた。

小値賀のもう一つの魅力、野崎島へは船で約30分。かつて禁教政策が敷かれ、厳しい弾圧があった時代、潜伏キリシタンたちが密かに信仰を続けた場所だ。島の中心、小高い丘に建つレンガ建築の旧野首教会は、「野首集落」にある。わずか17世帯の信者たちが食事を切り詰めてその費用を捻出し、教会建築の名工、鉄川与助の設計・施工により明治41年に完成した。弾圧からの「解放」と「喜び」。時を越えて人々の静かな祈りが今も息づくこの場所が、2018年6月には世界文化遺産に認定された。(2018年5月取材)

小値賀町

五島列島

福江島 ● 五島市

東シナ海

活版印刷ならではの文化を発信

OJIKAPPAN　横山桃子

築200年の味わいあふれる古民家。ここが、桃子さんの自宅兼100年の歴史を持つ印刷所「晋弘舎」だ。一歩足を踏み入れると、壁一面にぎっしりと並んだ、重く、鈍い輝きを放つ鉛に圧倒される。近づいてみると、漢字の部首ごと、そして書体の大きさごとに一文字ずつ陳列されている。活版印刷に欠かせない「活字」だ。

大学に入るまで、家業だった活版印刷に特別な関心はなかった。それが、大学でデザインを学ぶうち、デザインと印刷は密接なつながりがあること、印刷の原点は「活版」であり、世界中で失われつつある技術であることを知る。

「それまで当たり前だった活版が、自分にとって違うものに見え始めました。活版の魅力は印刷物に表情があること。インクの乗りや圧力のかけ方で表情が変わり、平坦ではないところです」

桃子さんはその魅力にのめりこんでいった。そして迎えた就職活動。大学時代の恩師の一言が桃子さんの心に刺さった。

「今の時代、東京だけがすべてではない。小値賀がそんなに好きなら故郷で仕事をする道もある」。それまで、島を出て働くことがよしとされてきた価値観がその言葉で180度変わった。

それからは、具体的に小値賀島での事業計画書を作って親に真剣な気持ちを伝えるも、返事は「NO」。「戻るなら、社会経験をしてから。一度、東京に行ってきなさい」と説得された。

「活版の衰退を見てきた親からすると、島では食べていけない、との親心だったのだと思います」と桃子さんは振り返る。

卒業後は1年間、東京に出てデザイナーとして働いた。たくさんの人とモノであふれ、あらゆるスピードが速く、経済の中心である東京。「東京で活版に関わる人とつながれたことは大きな収穫でした。今もその人脈は生きています」

東日本大震災を機に島に戻って11年。父と母のもと、10年間、活版とデザインに関わってきた。活字を拾って「版」を作る作業で、活字が崩れてしまったり、文字を反対に組んでしまったりと大変なことも多い。だけど「一文字一文字、活字を組んで時間をかけて出来上がる、その工程が魅力」と感じている。ちなみに、父は、役場の封筒や書類、船の切符の印刷など島内の仕事、桃子さんは島外の仕事と、それぞれの役割をもつ。

活版で名刺を作る仕事は、桃子さんの代から始めた。名刺は一人ひとりに合わせて「版」を作るため、手間がかかる。若い女性や、デザイナー、クリエイティブの仕事に携わる人からのオーダーが多く、ホームページを見た

人や工房に見学に来た人がその場で注文していく。「活版は単なる『印刷』でなく、お洒落な『雑貨』として打ち出していくのが今の時代の流れですね」と桃子さん。

2代目の祖父は、「活版は文化事業だ。活版には色気がある」と常々、口にしていた。活版は、凸面にインクを乗せて圧をかけて印刷するため、出来上がった印刷面を手で触れると、凹凸が感じられる。活版が近年、再び脚光を浴びたのはその「凹凸感」にある、と桃子さんは思いながらも、「活版の本質」について自分なりに考えている。

活版の「活」は「イキル」とも読む。イキルとは、そこに留まらず絶えず動いているもの。活版印刷では、活字を拾って「版」を組んで印刷し、終わると「解版」といって、また使った活字を棚に1個1個戻してゆくが、そこには常に「動き」が伴う。桃子さんの考える活版の本質はつまり、「文字が動いていること」だ。

2018年には、作業場内に自身の工房をオープンし、念願だったドイツのハイデルベルグ社製の印刷機を入れた。この印刷機の製造は終わっておりレストア機だ。何台もの中古の機械から使える部品を組み合わせ、1台のハイデルベルグに組み立てられたもの。福岡の会社から購入した。ドイツの鉄は質が良くて硬く、重厚感がある。どっしりと硬派なシル

エットも魅力で、桃子さんいわく「鉄が活きている世界」。

そして屋号は「OJIKAPPAN」と名付けた。大好きな小値賀と活版を組み合わせた造語。桃子さんの願いは、活版をきっかけに小値賀の魅力を世界に発信することだ。

「発信だけなら、SNSがあればできますが、それだけではなく、こんな小さな島で、廃れつつある活版印刷を使って、たくさんの人にその活版印刷の文化的な側面の魅力を伝えたい。『小さくとも諦めない』という姿勢から、何かしらの希望を感じてもらえたら」

そこには「大きくなることだけがすべてではない」という、桃子さん流の挑戦、哲学ならぬ鉄学も見え隠れする。

子どもの頃から父は「こげんよか島、どこにもなか！」というのが口ぐせだった。小値賀の魅力は何より「人」だと思っている。「皆で助け合い、寄り添いながら生きている。いま、こうして好きな島で好きな仕事ができて幸せです」

目下の目標は、活版体験ができるプログラムを作り、「古民家ステイ」と組み合わせて小値賀での楽しみ方を提案していくこと。「活版の流れと小値賀の流れはどちらも『スロー』という点で似ています。今後は人を雇い、育てていく。経営者としての戦略、そして成長も目標です」

世界中からゲストが集まる島に

島宿御縁　岩永太陽

小値賀の海が見渡せるダイニングルームには、気持ちいい風が吹いてくる。掃除の行き届いた清潔で快適な全9室の個室には全てバス、トイレ完備。宿のお手伝いをする代わりにベッドと食事を提供するWorkaway（ワークアウェイ）のホストにも登録しているため、常時、外国人スタッフが数名滞在している。遣唐使の時代から世界中の人々との交流がある小値賀らしい特徴かもしれない。

太陽さんは高校を卒業後、野球留学でアメリカ・アイオワ州へ渡る。アメリカで過ごした4年間のうち、最初の2年間は野球、残りの2年は英語漬けの日々を送る。

「アメリカの野球のレベルの高さに、野球でプロは無理だと断念しました。しかしアメリカに来たからには英語だけは習得しようと、語学の習得に励みました」

その頃流行り始めた、mixiなどSNSの最先端に触れることでネットがあれば世界とつながれることを実感した。

29歳の時、ワーキングホリデーでオーストラリアへ。レストランで働きながらツアーガイドの仕事も経験した。1年後に帰国してからは、外国人観光客をアテンドするガイドの仕事を請け負い、そして日本の素晴らしさに気づき始めた。「海外のお客様は日本の田舎、特に辺境に興味を持つことを知り、『これなら小値賀でもできる』と確信を持ちました」

若い頃は小値賀島が嫌いだった。刺激もなければ何もない島。大人からも「島を出たら帰ってくるな」と言われた。

旅館に続き、念願だったゲストハウスもオープン。ちなみに、太陽さんのお母さまは、今から20年以上前、島で唯一のカラオケボックスを開き、観光客と地元民が交流できる場を作った先駆け的な存在だ。

「日本の田舎は夜、遊べる場所がない。だけど、海外のお客さまは夜、パーティできる場を求めている。ナイトタイムエコノミーと呼ばれる『夜の娯楽』を作るのもひとつ課題でした」

宿のターゲットは観光客とビジネスパーソン。島に戻ってから、ビジネス目的の人も多いことに着目していた。海外での経験を活かし、宿の情報発信ではSNSをフルに活用している。「ビジネスとインバウンドをターゲットにしたら、年中、お客さまは来てくださる。そう確信しました。人と観光が結びついて、世界中から人が訪れる島にできたら」と太陽さん。今ではその情報を見て訪れるゲストも増え、宿は高い稼働率を維持している。

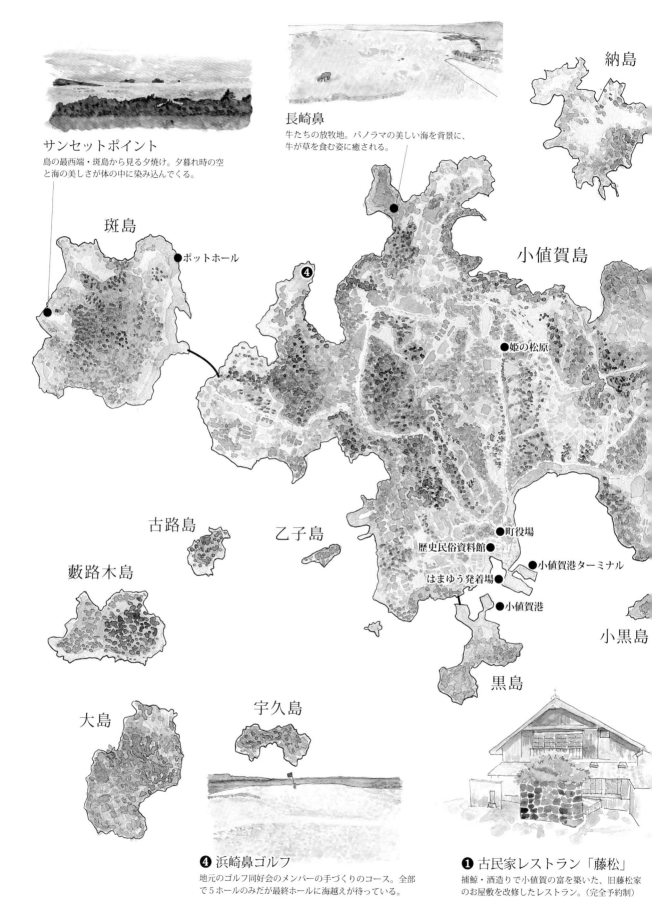

サンセットポイント
島の最西端・斑島から見る夕焼け。夕暮れ時の空と海の美しさが体の中に染み込んでくる。

長崎鼻
牛たちの放牧地。パノラマの美しい海を背景に、牛が草を食む姿に癒される。

納島

斑島

●ポットホール

❹

小値賀島

●姫の松原

古路島

乙子島

藪路木島

●町役場
歴史民俗資料館●
●小値賀港ターミナル
はまゆう発着場●
●小値賀港

小黒島

黒島

大島

宇久島

❹ 浜崎鼻ゴルフ
地元のゴルフ同好会のメンバーの手づくりのコース。全部で5ホールのみだが最終ホールに海越えが待っている。

❶ 古民家レストラン「藤松」
捕鯨・酒造りで小値賀の富を築いた、旧藤松家のお屋敷を改修したレストラン。（完全予約制）

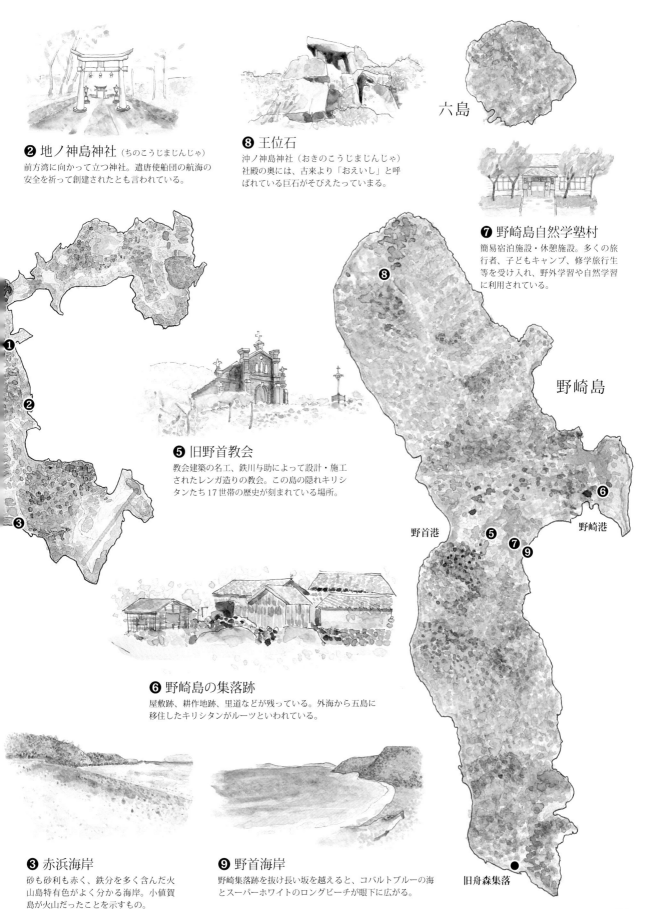

② 地ノ神島神社（ちのこうじまじんじゃ）

前方湾に向かって立つ神社。遣唐使船団の航海の安全を祈って創建されたとも言われている。

③ 王位石

沖ノ神島神社（おきのこうじまじんじゃ）社殿の奥には、古来より「おえいし」と呼ばれている巨石がそびえたっていまる。

六島

⑦ 野崎島自然学塾村

簡易宿泊施設・休憩施設。多くの旅行者、子どもキャンプ、修学旅行生等を受け入れ、野外学習や自然学習に利用されている。

野崎島

⑤ 旧野首教会

教会建築の名工、鉄川与助によって設計・施工されたレンガ造りの教会。この島の隠れキリシタンたち17世帯の歴史が刻まれている場所。

野首港

野崎港

⑥ 野崎島の集落跡

屋敷跡、耕作地跡、里道などが残っている。外海から五島に移住したキリシタンがルーツといわれている。

旧舟森集落

③ 赤浜海岸

砂も砂利も赤く、鉄分を多く含んだ火山島特有色がよく分かる海岸。小値賀島が火山島だったことを示すもの。

⑨ 野首海岸

野崎集落跡を抜け長い坂を越えると、コバルトブルーの海とスーパーホワイトのロングビーチが眼下に広がる。

喜界町

KIKAI

Kagoshima / Kyushu

支配に揺れた歴史のなかで、
たくましく生きた人々

飛行機に乗っている時、奄美大島の上空にさしかかると、海の青さが違う。乗客の誰もが窓辺に張りつき、眼下に広がる景色を見つめる。飛行機の進行方向の左手には、紺碧の海に浮かぶ美しい喜界島が見える。喜界島には素朴で豊かな島時間が流れる。情に厚く個性あふれる人がたくさんいる。はるばる来て良かった。ありのままの喜界島が一番いい。

鹿児島県の喜界町は、奄美大島の北東にある人口約6,700人（2022年1月現在）の島だ。喜界島はサンゴ礁の島で、現在も年間に約1.8ミリメートルのスピードで隆起している。島の周囲は48.6キロメートル。ハイビスカスやガジュマルなどの亜熱帯性植物と、広いサトウキビ畑、昔ながらのサンゴの石垣の集落が素朴な島の風景を彩る。喜界島は小さな島だが集落によって方言や風習もさまざまだ。例えば猫のことは島の南部では「マヤ」、北部では「グル」という。

喜界島の城久（ぐすく）集落には遺跡群があり、大規模な発掘調査が続いている。九州本土と沖縄の中継点に位置する喜界島は、琉球王朝と薩摩藩、アメリカという3つの支配のはざまで翻弄された歴史があり、様々な伝説や史跡が残る。

1609年（慶長14年）に薩摩藩が琉球を侵攻。薩摩藩の熾烈なサトウキビ政策によって奄美地方の人々は苦難の道を歩んだ。太平洋戦争中、喜界島は特攻隊の前線基地となり、激しい空襲に見舞われたという。終戦後はアメリカの信託統治下に入り、昭和28年にようやく日本に復帰した。

「農業立島」を掲げる喜界島の基幹産業は、サトウキビ栽培だ。島の面積の約35％が耕地で、在来種のゴマや柑橘類、メロン、トマトなども栽培されている。ミネラルが豊富な土壌に恵まれ、喜界島の黒糖は江戸時代から「道の島一番」と高い評価を得ていた。

喜界島の人たちはみんな親切で、人懐こい笑顔がとても印象的だ。集落の伝統行事や海辺でのバーベキューでは、三味線や島唄の響きにあわせて老若男女が笑顔で踊り出す。素朴でゆるやかな雰囲気がいい。ここにはありのままの豊かな島時間が流れている。（2015年5月取材）

喜界町
奄美大島
太平洋

オーガニックに挑むのは、島の地下水を大切にしたいから

朝日酒造　喜禎浩之

「私たちがここで作っている黒糖は、当社の黒糖焼酎の原料の約５〜６％です。100％喜界島産にすることは難しいけれど、将来的には10〜20％をめざしたいですね」と喜禎浩之さんは語る。毎年、生育状況を見ながら、少しずつ畑やサトウキビの栽培面積を増やしているそうだ。ちなみに茎や葉、絞りかすなど製造過程で出てくる不要なものは、再び畑に戻して肥料にしている。

製糖工場を訪ねると、入り口には収穫したばかりのサトウキビが山積みになっていた。スタッフの人たちは大きな釜の周りでサトウキビの絞り汁を焦げ付かないように丁寧にかき混ぜていた。とろりと煮詰められた飴色の液体がつやつやと光る。できたての黒糖はサトウキビの収穫の時期である12月から３月頃でなければ食べられない。

サトウキビは自然のあらゆるものを取り込んで自らの体内に蓄える。それが黒糖にそのまま濃縮されて移行するという。「畑によって黒糖の味はそれぞれ違います。昨年は台風で強い潮風を受けたので、黒糖の味にもその影響が出ています」と浩之さんは話す。同じ島のなかでも畑の場所や育った環境によって黒糖の味わいは異なり、それぞれに個性がある。ワインの世界でいえばテロワールのようなものだ。できたての黒糖は口のなかでゆっくりと溶けて、コクのある甘みとほどよいしょっぱさがあとを引く。

浩之さんは「ＮＰＯ法人オーガニックアイランド喜界島」（若松洋介代表）の立ち上げメンバーの一人だ。島の暮らしに欠かせない地下水を守るためにも、喜界島をオーガニックの島にしたいと考える。「本土ならば周りの影響を受けますが、喜界島は小さな離島だからこそ取り組みやすい。オーガニックの島になれる可能性があると思います」

喜界島はサンゴ礁の島で水はけが良く、すべてが地下に浸透するため川ができない。そのため、島の生活用水や農業用水は地下水によって支えられているという。畑に何を撒くかは、地下水の水質にも関わってくる。「水はあらゆる生命の根源で、島の地下水をきれいにするためにもオーガニックは大事な取り組みです。喜界島に暮らして良かったと思える安心安全な島にならなければ、本当の美しい島にはなれない。焼酎は水が大事で、喜界島の地下水があるおかげで私たちは焼酎づくりができるのです」と浩之さんは語る。

黒糖焼酎は黒豚の角煮など、少し甘くて濃い味付けの料理によく合うそうだ。地元では黒糖をつまみに黒糖焼酎を飲む楽しみ方もあるという。「お酒にはその土地でできた意味というものがあり、そこで作られていく風景があります。それも全部含めてお酒になる。私たちは酒造りを通して喜界島を伝えたい。そういう背景も一緒に楽しんでもらえたら嬉しいです」

島唄は口伝の世界、島の心を歌い続けたい

川畑さおり

「ハレーイ まれまれ なきゃばぁうがでぃ」（朝花節より）。青く透き通った美しい海辺に、三味線の旋律としなやかで張りのある歌声が響きわたる。川畑さおりさんの島唄を聴いた瞬間、喜界島に来て初めて島の心に触れたような気がした。朝花節は、最初の挨拶に必ず登場する島唄だ。「久しぶりにあなたにお会いできて嬉しい」そんな意味が込められているという。

さおりさんが島唄を始めたのは、9歳の時。母親と一緒に島の産業祭を見に行ったことがきっかけだった。会場で多くのお年寄りが泣きながら島唄を聴く姿に、さおりさんは衝撃を受けたという。「ふと周りを見ると、おじいちゃんやおばあちゃんが島唄を聴いて涙を流している。何だろう、不思議な唄があるなと思いました。私も多くの人に感動を与えられる唄を歌いたい。そう思って安田宝英先生の民謡教室に通い始めました」。さおりさんの祖父は昔、島でも有名な唄者であり、三味線の弾き手だったそうだ。「祖父は私が幼稚園の頃に亡くなったので、三味線を弾いて歌う姿を覚えていませんが、そういうルーツもあって島唄の世界に惹かれたのでしょうね」

島唄は楽譜がなくて口伝の世界だ。知られる機会がなく、受け継ぐ人がいなければ地元に残る島唄は途絶えてしまいかねない。昨今は奄美大島の唄が島唄の定番として歌われるため、喜界島の伝統的な島唄の多くは埋もれている状態だという。さおりさんは平成23年度から3年間、文化庁の助成による「奄美島唄保存伝承事業」の調査に参加。喜界島に伝わる島唄を掘り起こし、歌詞や音声などの資料を集めたり、記録保存するための活動にもかかわり始めた。

最近は80〜90代の方々から昔の様子を聞いたり、昔から伝わる島唄や言葉を教えてもらう機会が増えたという。「見て聞いて体で覚えるだけでなく、自分の感じたことを即興で歌うという要素が入るので、島唄は本当に難しい。できるだけ早いうちに調べて覚えて残していかなければと思います」

方言の伝承においても島唄は貴重な存在だ。奄美地方の方言は、平成21年2月にユネスコ（国連教育科学文化機関）が消滅危機にある言語のひとつとして認定している。

「私の同級生はほとんど方言を話すことができなくて、聞くだけとか、聞くことすらできない人もいます。島唄を通じて島の方言も大切にしていきたいですね」とさおりさんは語る。島の人々が楽しいひとときや様々な人生の節目を思い出す時、そこには必ず島唄がある。島では行事や人が集まるたびに島唄が登場し、みんなで賑やかに踊り出す。

「現地で島唄を見たり聴いたりすると感動が違います。喜界島にもぜひ多くの方に足を運んで頂いて、島の心を感じてもらえたら嬉しいですね」

「日本で最も美しい村」連合加盟町村 (2022年1月現在)

月日に移ろう　丘の連なり
光つらぬく　立ち姿

北海道 美瑛町
地域資源 / びえいの丘、美瑛軟石、青い池

雪に魅せられ　集う人々
雪に包まれ　豊かな実り

北海道 赤井川村
地域資源 / カルデラ盆地、カルデラ太鼓

海山を　繋ぐ流れに　鮭の郷

北海道 標津町
地域資源 / 鮭の文化、自然遺産ポー川史跡自然公園

白銀の羽ばたき
育みの草原

北海道 鶴居村
地域資源 / タンチョウが住まう暮らし、酪農大地の景観

羊蹄の　時の流れに　磨かれた
澄んだ潤い　ここに湧き出る

北海道 京極町
地域資源 / 羊蹄山麓の農村景観、京極のふきだし湧水

ブナの世界の地図をなぞり
辿り着いた北の果て

北海道 黒松内町
地域資源 / 統一感のある農村風景、天然記念物 歌才ブナ林

開かれた　北の港の　街並みに
賑わう人々　集う力

北海道 江差町
地域資源 / いにしえ街道、江差追分、姥神大神宮渡御祭

いのち潤す　清い流れ
立ち止まっては　青く輝く

北海道 清里町
地域資源 / 斜里岳のすそ野に広がる防風林の農村風景、斜里川が育んだ豊かな水と森林資源、大規模穀物栽培が育てた循環型農業

立ち並ぶ　樹々のもとを彩る
人のいとなみ　大地の恵み

北海道 中札内村
地域資源 / 防風保安林に守られた農村原風景、北の大地を彩るアートと文化

北の海辺　波とともに
人を結ぶ　時を繋ぐ

青森県 佐井村
地域資源 / 仏ヶ浦の眺望と生活の営みにより形成された漁村風景、福浦の漁村歌舞伎

一面の緑　ちから湧く実り
清水の流れの　ひと廻り

青森県 田子町
地域資源 / 昔の田園風景が広がる源流と水車の郷、田子神楽、日本一の「たっこにんにく」の里

山の生命の巡りに
息づくいとなみ

青森県 西目屋村
地域資源 / 白神山地とマタギ(狩猟生活)の伝統継承、岩木川源流域で育まれた山里文化

受け継がれる知と技に
彩りを絶やさず

秋田県 小坂町

地域資源／十和田湖西湖畔の自然と歴史、近代化産業遺産群と循環型社会の融合

ブナの森を抜けて
一面の瞬きの中へ

秋田県 東成瀬村

地域資源／田子内橋、奥羽山脈緑の回廊、仙北街道

実りもたらす　水を分けあい
雪壁の中に　ぬくもりを宿す

山形県 大蔵村

地域資源／肘折温泉郷、四ヶ村の棚田

連なる山の恵み　生命つなぐ術
慈しむ心

山形県 飯豊町

地域資源／田園散居集落、飯豊連峰、中津川地区の里山景観と里山文化

人の心を繋ぐ　までいの郷

福島県 飯舘村

地域資源／前田集落の「までい」な生活文化、飯樋ふるさと芸能

緑の地に　行き交う人の歩み
足もと深くには　時の結晶

福島県 北塩原村

地域資源／裏磐梯・早稲沢地区の高原野菜畑が広がる農村景観、旧米澤街道沿いに眠る歴史資源と集落文化

ハレからケまで　物から心まで
受け継がれる　くらしの佇まい

福島県 三島町

地域資源／雪国の手仕事を再生した生活工芸と日本一の会津桐、住民の暮らしに根付く民俗行事

からむしに　織り込む風の
涼やかさ

福島県 昭和村

地域資源／古より伝わるからむし織の里、日本一のカスミソウと木造校舎が残る昔懐かしい農山村風景

暦を伝える　山裾の彩り
祈りの舞い

福島県 大玉村

地域資源／田んぼ通りからの安達太良山、本揃田植え踊り、神原田神社十二神楽

地に映える　創る心
生み出す手

群馬県 中之条町伊参

地域資源／里山と木造建築の景観、お茶講、ビエンナーレ作品

湧き出す泉の傍らに
潤う緑の絨毯

群馬県 中之条町 六合

地域資源／野反湖の環境保存型景観、自然力が育むチャツボミゴケと六合（くに）の花、赤岩集落の養蚕農家群

雄大な峰から　注ぐ流れは
片時も止まず　地を恵む

群馬県 昭和村

地域資源／河岸段丘と農村風景、歴史を残す家並みと横井戸

あたたかな息吹を
土に　幹に

栃木県 那珂川町小砂

地域資源／里山に伝わる伝統の技「小
砂焼・菊炭」、小砂里山の芸術の森

峰へ繋がる宿に憩い
筆を染めて文を記す

山梨県 早川町

地域資源／赤沢宿、奈良田集落の焼畑
農業文化、雨畑硯

四季に移ろう渓谷の彩り
地を生かす人のこころみ

長野県 高山村

地域資源／しだれ桜の古樹が広がる山
里の原風景、松川渓谷と笠岳山麓の自
然美、環境保全型の農村景観

うねり彫り上げた地で
光と実りを分けあう人々

長野県 中川村

地域資源／陣馬形山、段丘と里山のあ
る景観、四徳地区と四徳川の景観

穂とならび　見おろす湾に
浮かぶ富士

静岡県 松崎町

地域資源／石部の棚田、なまこ壁の建
造物、塩漬けのさくら葉

涼やかな風を追えば
見渡す限りの雄大な峰々

長野県 原村

地域資源／八ヶ岳の裾野に広がる豊か
な自然と農地が調和した農村景観、土
蔵の鏝絵（こてえ）

夜空の光は星の輝き
うごめく光は小さな生命

長野県 小川村

地域資源／北アルプスが一望できる山
里風景、おやきの食文化、薬師沢石張
水路群

道行きに蹄の型を刻む谷

長野県 木曽町

地域資源／開田高原の木曽馬、木曽街
道の伝統文化、御嶽山麓の農村景観

陽に輝く葉の運ぶ
あたたかさに息をつく

静岡県 川根本町

地域資源／銘茶川根茶の茶園景観、国
重要無形民俗文化財 徳山の盆踊

彫り込む石に生命を吹き込み
鮮やかな春を守り伝える

長野県 伊那市高遠町

地域資源／高遠城址公園と地域の人々
が守り育てるタカトオコヒガンザクラ、
日本一の石工「高遠石工」の石造物

大地の切れ目貫く郷に
舞と祈りの心は途切れず

長野県 大鹿村

地域資源／大鹿歌舞伎、重要文化財福
徳寺・松下家、南アルプス山麓の集落
景観

宿の連なる幹　傍らの枝葉
辿れば都へ続く道

長野県 南木曽町

地域資源／中山道「妻籠宿」、歴史の
道「与川道」、田立の花馬祭りと里山景
観

薫る緑と　輪が刻む年月は
いとなみの果てに　憩いをもたらす

岐阜県 東白川村

地域資源／白川茶文化、東濃ひのきの
里

清冽な流れに集う鮎の郷

岐阜県 下呂市馬瀬

地域資源／馬瀬川、里山ミュージアム

降り積もる雪の季節も　傍らに
黒くやわらかく寄り添うぬくみ

兵庫県 小代

地域資源／「和牛のふるさと」としての
小代、みかた残酷マラソン全国大会

いにしえと今とを結ぶ色と技

奈良県 吉野町

地域資源／千年の桜に染まる吉野山、
伝統の技が生きる「国栖（くず）の里」

道険しくも　歩を進め
荘厳な気の中へ

奈良県 十津川村

地域資源／谷瀬の吊り橋、玉置神社の
杉の巨樹群、熊野古道小辺路の「果無
（はてなし）集落」

亀の背より　見下ろす秋の
こがね波

奈良県 曽爾村

地域資源／曽爾高原、曽爾の獅子舞

日々のくらしの　足元に海

京都府 伊根町

地域資源／伊根浦舟屋群、伊根祭（亀
島区祭礼行事）

連連綿たる緑　朝霧に染みる

京都府 和束町

地域資源／多様な茶畑景観と瓦屋根の
集落が一体となった茶源郷、鎌倉時代
から継承する茶文化

轟きの余韻をのこす水しぶき

岡山県 新庄村

地域資源／「出雲街道新庄宿」と「がい
せん桜」、毛無山、不動滝（男滝）・女
滝

風を待つ菱浦の湾の水かがみ

島根県 海士町

地域資源／小泉八雲の愛でた「菱浦湾」
の景観、隠岐島前神楽〔昭和36年島
根県無形民俗文化財に指定〕

手塩にかけた木々の彩り
憩いの風を宿すまち

鳥取県 智頭町

地域資源／石谷家住宅を中心とする智
頭宿、芦津渓谷、板井原集落

春色の道の先
空と海とをつなぐ島々

愛媛県 上島町

地域資源／桜の名勝「積善山」と瀬戸
内海多島美景観、青いレモン、法王ヶ
原の松林

223

いにしえの
大河のすがた知る稲穂

高知県 本山町

地域資源／谷の両岸に開けた大石・吉
延地区の天空の棚田、汗見川渓谷

輪に刻む
柚子の香りと歳月と

高知県 馬路村

地域資源／魚梁瀬の水源森林景観、柚
子のある景観

あらゆる魂の彩りをのこして

徳島県 上勝町

地域資源／樫原の棚田、彩（いろどり）
農業、山犬嶽

石を積み　築いた暮らし
ふとつく息に広がる甘み

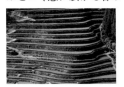

福岡県 星野村

地域資源／石積の棚田、星野村ブラン
ド「星野茶」

森の樹々　空の星　手の技
貫く果てなき道を分け入る

福岡県 東峰村

地域資源／岩屋神社、伝統の技が生き
る「陶（すえ）の里」

黒土を青に黄金に白銀に
染める季節と甘酒の節

大分県 由布市 湯布院町 塚原

地域資源／塚原高原の雄大な農村景観、
甘酒祭り

深い色の中　湧き出す温もり
満ちる力と　安らぎの広がり

熊本県 南小国町

地域資源／黒川温泉郷、草原と小国杉

空平かな草原に　吹き渡る風
空を切り裂く　のこぎり歯

熊本県 高森町

地域資源／美しい草原景観、豊かな環
境を生み出す水の源「湧水トンネル」、
神秘な時間が流れる神社群と肥後三馬
鹿騒ぎ「風鎮祭」

地と人の営みの　歳月の連なり
陽を浴びて　鮮やかに映える

長崎県 小値賀町

地域資源／野崎島と旧野首教会、西海
国立公園の景観と歴史

かてーりの心　時を繋ぐ
人を繋ぐ

宮崎県 椎葉村

地域資源／椎葉神楽、焼畑、十根川地
区の瓦屋根の集落景観

とどまらず
始終あらたな珊瑚の島

鹿児島県 喜界町

地域資源／隆起サンゴの豊かな自然と
農業景観、阿伝集落のサンゴの石垣

苦難を越えた　喜びを舞い
海原をゆく　人々は集う

沖縄県 多良間村

地域資源／多良間の豊年祭、生活に根
ざした風水村落

陽を集め夏を運ぶ
ひまわりの花

香川県 まんのう町
（琴南・仲南・長炭）

地域資源／島が峰、まんのうひまわり、
重要無形民俗文化財「綾子踊」

恵みの地　海の底より　幾重にも

山口県 阿武町

地域資源／阿武火山群の恵みに支えら
れた農漁村の暮らし、無角和牛

the most beautiful
villages
in japan

「日本で最も美しい村」連合

NPO法人「日本で最も美しい村」連合は、2005年に7つの町村からスタートしました。当時は、いわゆる平成の大合併の時期で市町村合併が促進され、小さくても素晴らしい地域資源や美しい景観を持つ村の存続が難しくなってきた時期でした。私たちは、フランスの素朴な美しい村を厳選し紹介する「フランスの最も美しい村」運動に範をとり、失ったら二度と取り戻せない日本の農山漁村の景観・文化を守りつつ、最も美しい村としての自立を目指す運動をはじめました。

「日本で最も美しい村」連合は、素晴らしい地域資源を持つ美しい町や村や地区が、「日本で最も美しい村」を宣言することで自らの地域に誇りを持ち、将来にわたって美しい地域づくりを行い、地域の活性化と自立を住民自らの手で推進することを支援します。なかでも、生活の営みにより形成されてきた景観・環境や地域の伝統文化を守り、これらを活用することで観光的付加価値を高め、地域の資源の保護と地域経済の発展に寄与することを目的としています。

海士町

小代　伊根町
新庄村　智頭町

阿武町

上島町

和束町
曽爾村
吉野町

小値賀町

東峰村　　　　　　　　　　まんのう町
星野村　　　　　　　　　　（琴南・仲南・長炭）　　　十津川村
塚原
南小国町
高森町　　　　　　　　　　　上勝町
椎葉村　　　　　　本山町
　　　　　　　　　馬路村

美瑛町
清里町
赤井川村 京極町
黒松内町
標津町
鶴居村
中札内村
江差町
佐井村
西目屋村
小坂町 田子町
東成瀬村
大蔵村
飯豊町
高山村 三島町 北塩原村
小川村 昭和村 飯舘村
六合 昭和村 大玉村
中之条町伊参
呂市馬瀬 木曽町 原村
東白川村 高遠町 那珂川町小砂
南木曽町 大鹿村
中川村 早川町
喜界町
川根本町
松崎町
多良間村

季刊 日本で最も美しい村 INDEX

Vol.00 創刊準備
Published April 2012

〈表紙〉ごはんでつくる美しい村
Cover Art :The most beautiful village made of rice

Vol.01 美しい村
Published June 2012

〈表紙〉錦玉かんでつくる涼しい夏の村
Cover Art :Cool summer village made from Japanese confectionery Kingyokukan

Vol.02 美瑛町
Published December 2012

〈表紙〉パウンドケーキ
Cover Art :Pound Cake

Vol.03 伊根町 / 智頭町
Published March 2013

〈表紙〉春の山菜でつくる美しい村
Cover Art :The most beautiful village made from spring wild plants

Vol.04 上勝町
Published July 2013

〈表紙〉豆腐
Cover Art :Tofu

Vol.05 東成瀬村
Published September 2013

〈表紙〉あわおこし
Cover Art :Millet cake

Vol.06 美しい村すごろく
Published February 2014

〈表紙〉ココアスポンジのチョコケーキ
Cover Art :Chocolate sponge cake with cocoa

Vol.07 飯舘村
Published April 2014

〈表紙〉絵本『がんばっぺ までいな村』
Cover Art :Picture book "Ganbappe (Cheer up) Madeina-mura"

Vol.08 中川村
Published June 2014

〈表紙〉レモンムースの蜜蜂の巣
Cover Art :Honeycomb made from lemon mousse

Vol.09 大鹿村
Published September 2014

〈表紙〉山塩で作る美しい村
Cover Art :The beautiful village made from mountain salt

Vol.10 南小国町
Published December 2014

〈表紙〉ジャージー生乳の生クリーム
Cover Art :Fresh jersey milk cream

Vol.11 美瑛町
Published March 2015

〈表紙〉美瑛の野菜畑
Cover Art :Vegetable fields of Biei

Vol.12 喜界町
Published June 2015
〈表紙〉マンゴーのタルト
Cover Art :Mango tart

Vol.13 木曽町
Published September 2015
〈表紙〉野菜の芋ようかん
Cover Art :Sweet potatoes paste made from vegetables

Vol.14 上島町
Published December 2015
〈表紙〉上島町の6つ島の食材
Cover Art :Ingredients from the six islands of Kamijima-cho

Vol.15 星野村
Published March 2016
〈表紙〉星野村の玉露プリン
Cover Art :Gyokuro (Refined green tea) pudding of Hoshino-mura

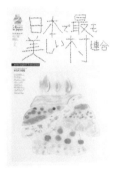

Vol.16 飯豊町
Published June 2016
〈表紙〉山形の果物たちをゼリーに
Cover Art :Jelly made from fruits of Yamagata

Vol.17 松崎町
Published September 2016
〈表紙〉レアチーズケーキ
Cover Art :Rare cheese cake

Vol.18 曽爾村
Published December 2016
〈表紙〉豆とゆず入りお餅
Cover Art :Mochi with beans and yuzu

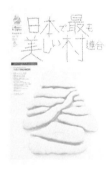

Vol.19 高森町
Published March 2017
〈表紙〉不揃い野菜で作るマカロン
Cover Art :Macaroons made from irregular vegetables

Vol.20 赤井川村
Published June 2017
〈表紙〉スイカ (種の向きを揃えて)
Cover Art :Watermelon (while facing seeds in the same direction)

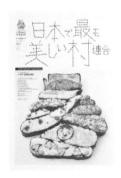

Vol.21 大蔵村
Published September 2017
〈表紙〉こけし柄の「のり巻き」
Cover Art :Rolled sushi "norimaki" with kokeshi pattern

Vol.22 高山村
Published December 2017
〈表紙〉ワインぶどうの美しい村
Cover Art :The Beautiful village of wine grapes

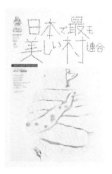

Vol.23 鶴居村
Published March 2018
〈表紙〉アイスクリーム
Cover Art :Ice cream

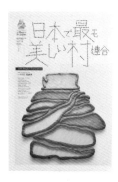

Vol.24 小値賀町
Published June 2018
〈表紙〉ステンドグラスクッキー
Cover Art :Stained glass style cookies

Vol.25 湯布院町 塚原
Published September 2018
〈表紙〉おはぎ
Cover Art :Japanese sweets Ohagi

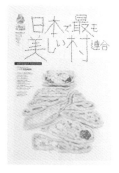

Vol.26 小川村
Published December 2018
〈表紙〉小川村はおやき発祥の村
Cover Art :Ogawa-mura is the birthplace of a Japanese dumpling Oyaki

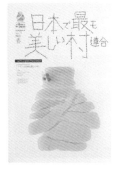

Vol.27 フランスの最も美しい村
Published March 2019
〈表紙〉イチゴとラズベリーのゼリー＆ムース
Cover Art :Jelly & mousse of strawberry and raspberry

Vol.28 吉野町
Published June 2019
〈表紙〉木のまち吉野のバウムクーヘン
Cover Art :Baumkuchen of the wooden town Yoshino

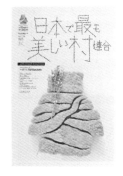

Vol.29 十津川村
Published September 2019
〈表紙〉もち米入りのきびだんご
Cover Art :Sweet dumping Kibidango with sticky rice

Vol.30 椎葉村
Published December 2019
〈表紙〉アイシングクッキー
Cover Art :Icing cookies

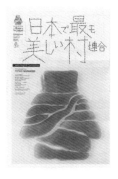

Vol.31 中之条町 伊参 / 六合
Published February 2020
〈表紙〉錦玉かんでつくる四万ブルー
Cover Art :Shima Blue made with Kingyokukan

Vol.32 世界の最も美しい村
Published June 2020
〈表紙〉中札内村のキルト作品
Cover Art :Quilt work of Nakasatsunai-mura

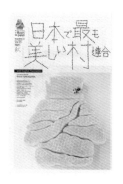

Vol.33 中川村
Published September 2020
〈表紙〉レモンムースの蜜蜂の巣
Cover Art :Honeycomb made from lemon mousse

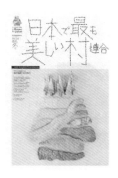

Vol.34 南木曽町
Published December 2020
〈表紙〉中山道の石畳クッキー
Cover Art :Cobblestone cookies of stone-paved Nakasendo

Vol.35 早川町
Published February 2021
〈表紙〉白あんクリームでつくる春の村
Cover Art :Spring village made with white bean paste cream

『季刊 日本で最も美しい村』
はタブロイド新聞（24P）です。
本書では紹介しきれなかった
「美しい村をつくる人たち」の
記事を多く掲載しています。
表紙は「美しい村連合」のロゴ
マークをモチーフに、村の特
産物を盛り込み「最も美味し
い村」のテーマで毎号、視覚
的に楽しめるよう制作してい
ます。下記オンラインストアか
ら購入できますので、ぜひお
手に取ってご覧ください。

Vol.36 下呂市馬瀬地域
Published June 2021

〈表紙〉馬瀬川を泳ぐ鮎
Cover Art：Ayu fish swimming in
the Maze River

Vol.37 伊根町
Published September 2021

〈表紙〉魚のクッキーパズル
Cover Art：Cookie puzzle of fish

Vol.38 上勝町
Published December 2021

〈表紙〉柑橘類のべっこう飴
Cover Art：Bekkoame candy made
of citrus

季刊誌のオンラインストア
https://murakara.stores.jp/

季刊 日本で最も美しい村 制作チーム クレジット

北海道美瑛町 / 熊本県南小国町 / 鹿児島県喜界町
執筆：上原美智子

秋田県東成瀬村
執筆：藤田 優　写真：田村寛維

福島県飯舘村
執筆：小瀬古智之　写真：田村寛維

長野県中川村 / 長野県大鹿村
執筆：中里篤美　玉木美企子　写真：佐々木健太

長野県木曽町
執筆：小林奈穂子（みつばち社）　写真：丸橋ユキ

愛媛県上島町
執筆：渡部みのり

福岡県星野村
執筆＆写真：田中里佳

山形県飯豊町 / 静岡県松崎町 / 奈良県曽爾村 / 熊本県高森町 /
北海道赤井川村 / 山形県大蔵村 / 長野県高山村 / 北海道鶴居村 /
長崎県小値賀町 / 大分県湯布院町 塚原地区 / 長野県小川村 /
奈良県吉野町 / 奈良県十津川村 / 群馬県中之条町
執筆：高橋秀子　写真：田村寛維

宮崎県椎葉村
執筆：中里篤美　写真：田村寛維

デザイン：小瀬古智之　瀬尾瑞初（エクサピーコ）

イラストレーション：中西美嘉

表紙制作〈最も美味しい村〉：明光玲子　松永 直

220-224P 村の詩：中西モモ

編集協力：NPO法人「日本で最も美しい村」連合事務局

北海道美瑛町役場 / 秋田県東成瀬村役場 / 福島県飯舘村役場
長野県中川村役場 / 長野県大鹿村役場 / 熊本県南小国町役場
鹿児島県喜界町役場 / 長野県木曽町役場 / 愛媛県上島町役場
福岡県星野村役場 / 山形県飯豊町役場 / 静岡県松崎町役場
奈良県曽爾村役場 / 熊本県高森町役場 / 北海道赤井川村役場
山形県大蔵村役場 / 長野県高山村役場 / 北海道鶴居村役場
長崎県小値賀町役場 / 長野県小川村役場 / 奈良県吉野町役場
奈良県十津川村役場 / 宮崎県椎葉村役場 / 群馬県中之条町役場

SPECIAL THANKS：

細谷 拓真 / 依田 真美 / 早坂 隆一 / 大石 将司 / 小林 奈穂子
平澤 健 / 服部 政人 / 田中 里佳 / 竹村 昌敏 / ホシノヤスハル
山田 勝也 / 阿部 俊彦 / 島田 誠 / 高橋 千恵子 / キムラコウスケ
平井 ゆかり / 大坪 直哉 / 塚原 聡（敬称略）

日本で最も美しい村をつくる人たち
もう一つの働き方と暮らしの実践

2022年3月20日 第1版第1刷発行

著者	季刊 日本で最も美しい村 制作チーム
アートディレクション	ジュリアーノナカニシ
ブックデザイン	瀬尾瑞初
発行	有限会社 エクサピーコ 〒154-0001 東京都世田谷区池尻 2-4-5 IID 201A website http://www.exapieco.com/
発売	株式会社 学芸出版社 〒600-8216　京都市下京区木津屋橋通西洞院東入 Tel.075-343-0811　Fax.075-343-0810 website http://www.gakugei-pub.jp/
印刷	龍共印刷 株式会社
製本	株式会社 渋谷文泉閣

ISBN：978-4-7615-0921-7
NDC分類記号 318
B5変型判（25.0×18.9cm）　総ページ232

©EXAPIECO Co., Ltd
2022 Printed in Japan
本書の無断転載・複写を禁じます